Victoria Ocampo
Virginia Woolf

Correspondência

Victoria Ocampo
Virginia Woolf

Correspondência

seguido de

Virginia Woolf em seu diário
de Victoria Ocampo

Baseada na edição argentina,
com organização e apresentação de Manuela Barral

Traduções e notas
do espanhol, inglês e francês por
Emanuela Siqueira, Nylcéa Pedra e Rosalia Pirolli

© Rara Avis Editorial, 2020
© desta edição, Bazar do Tempo, 2024
Título original: *Correspondencia*
Tradução autorizada da edição em espanhol publicada por Rara Avis Editorial.

Todos os direitos reservados e protegidos pela Lei n. 9610, de 12.2.1998.
Proibida a reprodução total ou parcial sem a anuência da editora.

Este livro foi revisado segundo o Acordo Ortográfico
da Língua Portuguesa de 1990, em vigor no Brasil desde 2009.

Edição: Ana Cecilia Impellizieri Martins
Coordenação editorial: Joice Nunes
Tradução: Emanuela Siqueira, Nylcéa Pedra e Rosalia Pirolli
Capa, projeto gráfico e diagramação: Cristina Gu
Ilustrações: Greta Coutinho
Copidesque: Amanda Moura
Revisão: Marina Montrezol
Produção gráfica: Marina Ambrasas

CIP-BRASIL. CATALOGAÇÃO NA PUBLICAÇÃO
SINDICATO NACIONAL DOS EDITORES DE LIVROS, RJ

O16c

Ocampo, Victoria, 1890-1979
Correspondência seguida de Virginia Woolf em seu diário / Victoria Ocampo, Virginia Woolf ; tradução e notas Emanoela Siqueira, Nylcéa Pedra, Rosalia Pirolli ; prólogo de Manuela Barral. - 1. ed. - Rio de Janeiro : Bazar do Tempo, 2024.
208 p. ; 21 cm.

Tradução de: Correspondencia
ISBN 978-65-84515-77-2

1. Ocampo, Victoria, 1890-1979 - Correspondência. 2. Woolf, Virginia, 1882-1941 - Correspondência. 3. Cartas argentinas. 4. Cartas inglesas. I. Woolf, Virginia, 1882-1941. II. Siqueira, Emanoela. III. Pedra, Nylcéa. IV. Pirolli, Rosalia. V. Barral, Manoela. VI. Título.

OCDD: 808.86
24-8837   CDU: 82-6(410.1+82)

Meri Gleice Rodrigues de Souza - Bibliotecária - CRB-7/6439

BAZAR DO TEMPO
PRODUÇÕES E EMPREENDIMENTOS CULTURAIS LTDA.

Rua General Dionísio, 53 - Humaitá
22271-050   Rio de Janeiro - RJ
contato@bazardotempo.com.br
www.bazardotempo.com.br

Querida Virginia,
[...] *Sou uma pessoa voraz. E acredito que ter fome é tudo. Não tenho vergonha de ser faminta. Você não acha que amor é a nossa fome de amar? (Estou falando de amor em maiúsculo.)*
— Trecho de carta de Victoria Ocampo a Virginia Woolf
de 5 de dezembro de 1934

Concordo sobre a fome, e concordo que estamos bastante saciadas, ou tão famintas a ponto de nem ter apetite. Quão interessada estou em sua língua [espanhol], que é como uma boca aberta, de onde não saem palavras. [...].
— Trecho de carta de Virginia Woolf a Victoria Ocampo
de 5 de dezembro de 1934

Sumário

Nota sobre
a edição argentina
7

Nota sobre
a edição brasileira
9

Nota das tradutoras
11

Bibliografia
157

Cronologia da troca
de correspondência
158

Apresentação
As damas do unicórnio
MANUELA BARRAL
15

*Correspondência
(1934-1940)*
29

Virginia Woolf em seu diário
VICTORIA OCAMPO
89

*Virginia Woolf, o desfazer-se
do corpo e a morada na escrita*
EMANUELA SIQUEIRA
161

Victoria Ocampo em cinco atos
KARINA DE CASTILHOS LUCENA
177

NOTA SOBRE A EDIÇÃO ARGENTINA

Os originais das cartas escritas por Victoria Ocampo a Virginia Woolf estão conservados no arquivo The Keep, da Universidade de Sussex, em Brighton, Inglaterra, e neste livro são reproduzidos com a devida autorização.

As cartas escritas por Virginia Woolf a Victoria Ocampo estão arquivadas na biblioteca Houghton, na Universidade de Harvard, em Cambridge, nos Estados Unidos. Além disso, na Academia Argentina de Letras e no Centro de Documentación Villa Ocampo [Centro de Documentação Villa Ocampo] estão as cópias dos originais enviados por Woolf. Vinte dessas cartas foram incluídas nos volumes 5 e 6 de *The Letters of Virginia Woolf* [As cartas de Virginia Woolf] (edição organizada por Nigel Nicolson e Joanne T. Banks), mas até agora não tinham sido traduzidas para o espanhol e para o português.

Em 1953, alguns meses depois de *A Writer's Diary* [O diário de uma escritora], de Virginia Woolf, ser publicado postumamente em Londres, Victoria Ocampo escreveu "Virginia Woolf em seu diário", lançado em junho de 1954 pela editora Sur. Como apêndice do seu ensaio, Ocampo incluiu a "Carta a Virginia Woolf", que antes tinha aparecido como prefácio do primeiro volume de seus *Testimonios* [Testemunhos] (1935). Em 1982, a editora Sur reeditou "Virginia Woolf em seu diário" com uma tiragem de 3 mil exemplares de uma edição quase impossível de se encontrar hoje.

NOTA SOBRE A EDIÇÃO BRASILEIRA

A edição brasileira é baseada na versão argentina, e, ao preservar as notas do editor argentino, indicadas com (N.E.), buscamos manter a sua autenticidade.

Para garantir a clareza e a identificação das contribuições da presente edição, incorporamos as notas de rodapé brasileiras com a marcação (N.E.BR). Esse cuidado editorial visa diferenciar as notas adicionadas pela equipe brasileira, oferecendo aos leitores melhor compreensão das intervenções realizadas para adaptar a obra à língua e ao contexto locais, e permitindo-lhes uma imersão mais profunda na correspondência entre Ocampo e Woolf.

O mesmo procedimento foi realizado nas notas compostas pelas tradutoras brasileiras, as quais diferenciamos da tradução argentina com (N.T.BR).

A fim de enriquecer a edição com informações sobre as autoras e o contexto de produção da correspondência, incluímos os perfis de Virginia Woolf e Victoria Ocampo, escritos por Emanuela Siqueira e Karina de Castilhos Lucena, respectivamente.

NOTA DAS TRADUTORAS

Fez tudo sempre em primeira pessoa:
tradução, crítica, diplomacia.

— KARINA DE CASTILHOS LUCENA

Esses versos são de autoria de Karina de Castilhos Lucena, que escreveu o perfil de Victoria Ocampo para esta edição. Eles poderiam ser lidos, em sincronia, para as duas missivistas que vocês vão ler aqui, ambas bem-amalgamadas com as tradutoras. Victoria e Virginia escreveram ficção e ensaio, alinhavaram teorias sobre escrita e crítica literária, falaram de amizade e fome, tudo em primeira pessoa. O que seria traduzir em primeira pessoa quando se trata de duas mulheres tão parecidas e tão distantes geográfica e linguisticamente?

Foi preciso vivenciar uma tripla jornada de negociações: primeiro, a organização da edição argentina pela pesquisadora Manuela Barral, que escreve em espanhol, com várias referências da literatura e arte anglo-francófonas; em seguida, a troca de cartas feita em duas línguas, o inglês e o francês; por fim, a elaboração de Ocampo, enquanto ensaísta e tradutora, no ensaio "Virginia Woolf em seu diário".

As três tradutoras operaram juntas no texto e, por isso, queremos nos apresentar também em primeira pessoa, mas, neste caso, na primeira pessoa do plural. Nesse *nós* está contida cada uma das primeiras pessoas do singular (Emanuela, Nylcéa, Rosalia) que trouxeram para o conjunto da obra traduzida todas as suas vivências.

A tradução do inglês exigiu uma familiaridade antiga com Virgínia Woolf, vinda dos ensaios, principalmente do seu jeito de construir frases espiraladas — digressões enroladas umas nas outras —, só que desta vez imaginando uma interlocutora específica. Traduzir respostas de cartas que não podemos ler também exige um desafio da ordem da tradução literária: o de engendrar uma narrativa. Woolf mandava cartas mais concisas, mas sempre com alguma construção de imagens simbólicas em sua escrita, como as borboletas, por exemplo; algum comentário sobre a leitura e a prática de escrever; assim como adjetivações mais complexas. O conhecimento de seus diários, romances e ensaios colaborou para perceber a presença de substantivos com funções mais emaranhadas no discurso ou, até mesmo, reconhecer vestígios de textos publicados na mesma época. Sempre respondia em inglês, enquanto Victoria passeava tranquilamente entre essa língua e o francês — em uma das cartas chega a alternar entre as duas. Por isso, foi fundamental o diálogo com a tradução do francês, justamente para pensarmos como ensinar as palavras a dançar no mesmo ritmo.

Traduzir do francês foi um jogo entre línguas. Uma língua familiar, em graus distintos, para Virgínia e para Victoria. Para Victoria, a primeira língua que aprendeu e por meio da qual escrevia cartas desde muito cedo, por conta da hipercentralidade da época, forneceu outra camada, relacionada à tradição literária atrelada ao francês. Virginia lia e compreendia essa língua, Victoria era fluente, pois tanto o inglês quanto o francês eram algumas das poucas coisas que as mulheres (de classe alta) tinham acesso em relação à educação. Em vários momentos refletimos sobre quais seriam as motivações que levaram a escritora argentina a trocar de língua em uma mesma carta. Tentamos manter alguns estranhamentos possíveis de uma tradução do inglês e de outra do francês, em um texto escrito por alguém que tinha o espanhol como língua materna e considerando, também, o alto domínio que Victoria Ocampo tinha de ambas, nas quais foi, inclusive, alfabetizada.

No ensaio "Virginia Woolf em seu diário" é possível encontrar uma Victoria Ocampo que, utilizando-se de uma voz em primeira pessoa, ocupa lugares diversos: o da mulher cosmopolita, o da latino-americana, o da leitora e crítica de Virginia Woolf, e também o da escritora e tradutora. A profusão de notas colocadas por Ocampo chamará a atenção de quem a ler, assim como as notas que adicionamos em diálogo com ela. Nelas, é possível observar como a leitura do *Diário* de Virginia Woolf se expande para outras questões que despertavam a atenção de Victoria naquele momento, como é o caso do tratamento dado às mulheres em sua época.

No que cabe à tradução do ensaio, também tivemos o cuidado de manter a polifonia ocampiana na conjunção de línguas que utiliza — há várias palavras e expressões em inglês e francês — e um uso da língua espanhola muito peculiar. Se, por um lado, o emprego das línguas estrangeiras marca o flerte com o que está "do outro lado do charco" (para usar uma expressão cara aos argentinos) e com a ilustração; por outro, a tradução feita por ela das passagens do *Diário* de Virginia Woolf, ou das correspondências que aparecem em seu ensaio, denotam a preocupação de levar o que escreve também aos que estavam (estamos) do lado de cá do charco. Foi pensando em marcar a presença da voz de Victoria Ocampo como tradutora que optamos por deixar no ensaio as traduções das traduções feitas por ela. Se quem ler tiver curiosidade, poderá observar que, quando esses mesmos textos aparecem na apresentação da edição argentina, por Manuela Barral, ou na tradução das cartas, não são os mesmos de Victoria, apesar da aparência de fantasmas. Procuramos manter a tradução muito próxima à voz de Ocampo, ainda que às vezes tais construções pareçam incomuns ao português brasileiro.

Fechar com Victoria Ocampo tradutora é perceber que quando achávamos que estávamos fazendo tudo a seis mãos, na verdade éramos oito: nós e ela. Se pensarmos bem, juntando com a equipe de mulheres que trabalharam na edição argentina — que tiveram esse primeiro impulso tradutor —, assim como todas que trabalharam nesta edição brasileira, somos ainda mais mãos ávidas para fazer Victoria Ocampo e Virginia Woolf conversarem em línguas latino-americanas e em primeira pessoa do plural.

— EMANUELA SIQUEIRA, NYLCÉA PEDRA e ROSALIA PIROLLI

Apresentação
AS DAMAS DO UNICÓRNIO

O primeiro encontro entre Virginia Woolf e Victoria Ocampo acontece em Londres, no final de 1934. Naquele momento, Woolf já era uma autora celebrada internacionalmente e uma escritora profissional que publicava resenhas e artigos na imprensa. Além disso, era reconhecida por fazer parte do grupo de Bloomsbury e pelo trabalho editorial na The Hogarth Press, junto com o marido, Leonard Woolf. Victoria Ocampo, por sua vez, procurava encontrar um lugar como mulher no campo intelectual argentino, excessivamente masculino. Em 1924, apresenta o seu primeiro livro, *De Francesca a Beatrice*, uma leitura de *A divina comédia* publicada pela *Revista de Occidente*,[1] fundada por José Ortega y Gasset. Tanto Paul Groussac[2] quanto seu amigo editor Ortega y Gasset criticaram a obra publicamente: a desdenharam por ser ousada e condenaram o tom autobiográfico da sua análise. Persistente, Victoria publica, em 1926, *La laguna de los nenúfares*[3] [A lagoa dos nenúfares] e escreve alguns artigos para

---

1   Revista cultural e literária espanhola fundada em 1923. Desempenhou um papel significativo na disseminação de ideias e na promoção do pensamento intelectual na Espanha ao longo do século XX, abordando temas como filosofia, literatura, política, arte e ciências sociais. (N.E.)
2   Paul Groussac (1848-1929) foi um escritor, crítico literário, historiador e bibliotecário franco-argentino. Nasceu em Toulouse, França, e se mudou para a Argentina quando era jovem. Groussac desempenhou um papel significativo na vida intelectual e cultural da Argentina no final do século XIX e início do século XX. (N.E.)
3   V. Ocampo, "La laguna de los nenúfares — Fábula escénica en doce cuadros", *Revista de Occidente*, Madri, 1926.

o jornal *La Nación*. No entanto, as críticas corrosivas deixaram as suas marcas, e durante quase uma década Ocampo não publicou nenhum livro de própria autoria. Um ano depois do encontro com Woolf, em 1935, volta a apresentar uma obra sua: o primeiro de seus *Testimonios* [Testemunhos]. Apesar de os textos reunidos neste volume terem sido escritos antes de conhecê-la, é certo que os *Testimonios* [Testemunhos] ficaram associados a Woolf porque começam com a "Carta a Virginia Woolf".[4] Neles, Ocampo delineia explicitamente as coordenadas iniciais da sua escrita autobiográfica e escolhe, como ato fundacional, recriar a troca de cartas com Virginia Woolf, a quem confessa e dedica a sua busca: "Minha única ambição é um dia conseguir chegar a escrever, bem ou mal, mas como uma mulher".[5]

Em 1929, Victoria conhece a obra de Virginia graças a Sylvia Beach, uma editora estadunidense, dona da livraria Shakespeare and Company, em Paris, que lhe recomenda fortemente a leitura do recém-publicado *Um quarto só seu*.[6] Conforme relata Ocampo, Sylvia Beach lhe disse: "Tenho certeza de que este é o livro com o qual você sonha".[7] Em *Um quarto só seu*, Victoria encontra explicações para muitas das circunstâncias e limitações que vivenciava como mulher na Argentina. Depois dessa leitura, Woolf se torna objeto de sua admiração. Não é a primeira vez que isso acontece, já havia se deslumbrado com Igor Stravinsky, Ernest Ansermet e Rabindranath Tagore. Porém, Virginia é uma mulher, uma mulher escritora e editora. Isso não é pouco significativo, muito menos naquela época. Hoje, mais de noventa anos depois da publicação de *Um quarto só seu*,

---

4   Em 1954, em "Virginia Woolf em seu diário", Ocampo volta a publicar essa carta-prólogo como apêndice do seu ensaio. Ver p. 151.
5   V. Ocampo, *Testimonios. Primera serie (1920-1934)*, Buenos Aires: Sur, 1981 [1935], p. 9.
6   V. Woolf, *Um quarto só seu*, trad. Julia Romeu, Rio de Janeiro: Bazar do Tempo, 2021.
7   V. Ocampo, *Testimonios. Novena serie (1971-1974)*, Buenos Aires: Sur, 1979 [1975], p. 214.

a palavra feminismo faz parte do nosso vocabulário cotidiano e conota muito mais do que um movimento, uma ideologia e um pertencimento. No entanto, para compreender o contexto em que Woolf e Ocampo se conheceram, é importante ter em mente como a circulação de textos, obras e discursos de mulheres no campo intelectual era diferente. Por isso não é de se estranhar o deslumbramento de Victoria por Woolf...
Voltemos então a Londres, 1934. Viajando pela capital britânica, Victoria visita uma exposição do fotógrafo Man Ray, acompanhada do amigo Aldous Huxley, que tinha antecipado a possibilidade de Woolf, venerada pela amiga, também estar por lá. Ambas registram por escrito esse primeiro encontro. Virginia anota em seu *Diário*:

> [...] ela era muito rica e amadurecida; com pérolas nas orelhas, como se uma grande mariposa tivesse botado ramalhetes de ovos; a cor de um damasco dentro de um vidro; olhos que acredito terem sido abrilhantados por algum cosmético; lá ficamos e conversamos, em francês e inglês, sobre a estância, os quartos grandes e brancos, os cactos, as gardênias, a riqueza e a opulência da América do Sul; também sobre Roma e Mussolini, que ela tinha acabado de encontrar.[8]

Woolf também escreve uma carta para Vita Sackville-West em que afirma: "Estou apaixonada por Victoria Okampo" (sic)[9] e se

---

8 Trecho de entrada no diário do dia 26 de novembro de 1934, em *The Diary of Virginia Woolf*, vol. 4, 1931-1935, p. 263, editado por Anne Olivier Bell, 1982.
9 Carta de Virginia Woolf a Vita Sackville-West, 19 de dezembro de 1934, in V. Woolf, *The Letters of Virginia Woolf: 1932-1935*, v. 5, edição organizada por Nigel Nicolson e Joanne T. Banks, Londres: The Hogarth Press, 1994, p. 356.

vangloria dos esplêndidos presentes que Ocampo lhe envia. Se por um lado esses comentários podem ter tido como objetivo causar ciúmes em Vita, sua amante, por outro, se são lidos juntos com o parágrafo do diário em que Woolf descreve Victoria, é possível perceber como se sentiu atraída pela argentina. A propósito, em uma carta que escreve a Victoria, Woolf lhe pede, intrigada: "Me conte o que anda fazendo, quem anda encontrando, como são o campo e a cidade, assim como seu quarto, a sua casa; desde a comida até os gatos e cachorros, também o tempo que gasta com isso e aquilo."[10]

Ocampo também narra o encontro com frequência e em versões diferentes, moldando o seu próprio mito de origem da amizade, partindo da assimetria entre ambas: "Eu olhei para ela com admiração. Ela olhou para mim com curiosidade. Foi tanta curiosidade por um lado e tanta admiração por outro, que logo ela me convidou para ir à sua casa".[11] Depois do primeiro encontro, inicia-se uma troca de cartas que vai de 1934 a 1940. É verdade que o vínculo amistoso e cultural se constrói principalmente por meio da correspondência: Virginia e Victoria se viram apenas três vezes pessoalmente.[12]

É importante destacar que nos encontramos diante de duas escritoras que têm uma grande produção epistolar. As cartas escritas por Woolf foram editadas por Nigel Nicolson e Joanne Trautmann Banks, publicadas em seis volumes, com o título *The Letters of Virginia Woolf* [As cartas de Virginia Woolf], pela editora The Hogarth Press, entre os anos de 1975 e 1978. Das 3,7 mil cartas reunidas na obra, vinte estão endereçadas a Victoria Ocampo.

---

10 Carta de Virginia Woolf a Victoria Ocampo, 22 de janeiro de 1935, p. 57.
11 V. Ocampo, *Testimonios. Novena serie (1971-1974)*, Buenos Aires: Sur, 1979 [1975], p. 41.
12 O vínculo entre elas já foi estudado a partir de diferentes pontos de vista; ver a bibliografia sugerida na p. 159.

No entanto, são pouquíssimas as cartas publicadas de Victoria Ocampo como remetente. Em sua *Autobiografía* [Autobiografia], ela inclui algumas dirigidas a Delfina Bunge, ao conde Herman von Keyserling e a Pierre Drieu La Rochelle.[13] De maneira póstuma, a revista *Sur* dedicou a edição de número 347 (julho-dezembro de 1980) para fazer uma antologia de parte da correspondência enviada e recebida pela sua diretora; em 1997, sob responsabilidade de Eduardo Paz Leston, a editora Sudamericana publicou *Cartas a Angélica y otros* [Cartas a Angélica e outros]. Depois, a revista *Sur* editou *Cartas de Posguerra. New York-Londres-París. Marzo-diciembre 1946* [Cartas da Pós-guerra: Nova Iorque-Londres-Paris, março-dezembro 1946] (2009), e *Fragmentos de un regalo. La correspondencia entre Thomas Merton y Victoria Ocampo*[14] [Fragmentos de um presente: a correspondência entre Thomas Merton e Victoria Ocampo] (2011). Também foram publicadas as correspondências com Arturo Jauretche (Homo Sapiens, 1996), Roger Caillois (Sudamericana, 1999), Ernest Anseret (Buchet-Chastel, 2006), Gabriela Mistral (Cuenco de Plata, 2007), Ezequiel Martínez Estrada (Interzona, 2013) e Albert Camus (Sudamericana, 2019). O repertório é eloquente e permite ter a dimensão das trocas de correspondência entre Ocampo e intelectuais de outras nacionalidades. No entanto, apesar da profusão dos nomes, as cartas publicadas não passam de trezentas. A escassez de cartas de Ocampo, tanto enviadas quanto recebidas, em parte se explica pelo fato de que, nos úl-

---

13 Delfina Bunge (1881-1952) foi uma escritora, jornalista, ensaísta e poeta argentina. Hermann von Keyserling (1880-1946) foi um filósofo alemão que conheceu Victoria em sua passagem pela Argentina, em 1929. Pierre Drieu La Rochelle (1893-1945) foi um polêmico (conhecido pelo seu apoio ao fascismo) escritor francês, conheceu Ocampo em 1933, em uma passagem pela Argentina. (N.T.)

14 Livros publicados em espanhol, ainda sem tradução para o português brasileiro. (N.T.BR)

timos anos de vida, ela queimou vários de seus escritos pessoais, fato que aparece destacado na *Autobiografía* [Autobiografia], com alusões à sua lareira e aos autos de fé: "Jamais guardei cópia das minhas cartas e, quando por alguma circunstância elas voltaram para as minhas mãos, as joguei na lareira".[15] Essa frase — entre outras — é um indício do controle sobre os tipos de cartas que seriam conservadas ou não.

Entre as cartas que Ocampo recebe e decide conservar, algumas fazem parte da correspondência com Woolf. Este livro reúne e organiza pela primeira vez esse material. Ainda que se trate de um epistolário sucinto e parcial, sua reconstrução é fundamental para compreender o vínculo entre duas mulheres escritoras e editoras.

Segundo afirma Ocampo em "Virginia Woolf em seu diário", ensaio de 1954 que acompanha o conjunto de cartas, ela recebeu de Woolf "25 cartas: a primeira em novembro de 1934 e a última em maio de 1940".[16]

Esse comentário serviu de ponto de partida para a busca das cartas escritas por Woolf, o que foi bastante fácil, uma vez que vinte delas constam no quinto e no sexto volumes de *The Letters of Virginia Woolf* [As cartas de Virginia Woolf] (1979). Segundo Ocampo, em seus *Testimonios* [Testemunhos], foi ela mesma quem as entregou para o editor Nigel Nicolson. Atualmente, as cartas originais estão na biblioteca Houghton, da Universidade de Harvard, por decisão da própria Ocampo, que, antes, fez uma cópia do material para que também estivesse disponível na Argentina. Assim, tanto a Academia Argentina de Letras quanto o

---

15   V. Ocampo, *Autobiografía II, El imperio insular*, Buenos Aires: Sur, 1980, p. 146.
16   V. Ocampo, "Virginia Woolf em seu diário", p. 101.

Centro de Documentación de Villa Ocampo [Centro de Documentação de Villa Ocampo] conservam cópias dos manuscritos de cartas recebidas pela escritora argentina. Das 25 cartas mencionadas em "Virginia Woolf em seu diário", foram conservadas outras três nesses arquivos, que não aparecem em *The Letters of Virginia Woolf* [As cartas de Virginia Woolf]. Esta *Correspondência* as reúne e as edita pela primeira vez em espanhol, traduzidas do inglês por Virginia Higa — e, em português brasileiro, por Emanuela Siqueira. Também incluímos aqui os três originais inéditos de Virginia Woolf em versão fac-símile.[17]

Nas cartas escritas por Woolf, irrompem constantemente a vida doméstica e as tarefas cotidianas de limpeza e cozinha. Em muitos casos, isso se revela na sua pressa explícita, também visível no descuido com a letra, que a leva a terminar as cartas desculpando-se pela falta de tempo ou pela letra ilegível ("Perdoe estes rabiscos rápidos e fortuitos",[18] "Perdoe esta carta atrasada e um tanto ilegível. Hoje minha pena está igual a um rastelo"[19]). São cartas breves e amáveis. Virginia é *polite* [polida] e se interessa por Ocampo, lhe pergunta sobre a Argentina e as suas viagens; além disso, não perde a oportunidade de estabelecer um contato editorial. Nessas cartas, Virginia parece nutrir uma relação de amizade, ao mesmo tempo que consegue que algumas de suas obras sejam traduzidas para o espanhol e publicadas pela editora Sur.

No entanto, as cartas escritas por Ocampo para Woolf reunidas neste epistolário são apenas três, ou cinco. Mantenhamos essa hesitação numérica por um tempo.

---

[17] Manuela Barral se refere ao fac-símile da carta do dia 20 de maio de 1940 (p. 86) e aos cartões-postais das páginas 80 a 82 desta edição. (N.E.BR)
[18] Carta de Virginia Woolf a Victoria Ocampo, 2 de maio de 1936, p. 66.
[19] Carta de Virginia Woolf a Victoria Ocampo, 2 de setembro de 1937, p. 72.

Por um lado, como parte da pesquisa das cartas escritas por Ocampo, entramos em contato com a Virginia Woolf Society, que nos informou da existência de três cartas manuscritas enviadas por Ocampo conservadas no arquivo The Keep,[20] em Brighton, na Inglaterra. Duas delas foram redigidas em papéis timbrados do hotel New Clarges, na região de Piccadilly, em Londres, no ano de 1934. A terceira, de 1937, com timbre e endereço da revista *Sur*, parece ter sido escrita no escritório de Buenos Aires. As cartas estão redigidas, em sua maioria, em francês, idioma que Virginia compreendia, com passagens em inglês. As traduções das cartas de Ocampo para o espanhol foram realizadas por Juan Javier Negri, presidente da Fundación Sur — e, para o português brasileiro, por Rosalia Pirolli (francês) e Emanuela Siqueira (inglês). Mas, além disso, aqui também apresentamos esses originais em versão fac-símile, nos quais é possível apreciar o traço firme de Victoria. São cartas concisas, sem vacilações nem rasuras. Chama a atenção a ênfase que dá ao sublinhar as três ideias que remetem à sua relação com a cultura: *voracious, notre faim* e *hunger*.[21/22]

---

20 Centro de arquivamento colaborativo que reúne documentos e materiais de várias instituições, incluindo arquivos da Universidade de Sussex, do East Sussex Record Office e da Brighton and Hove City Council. O principal objetivo do The Keep é preservar e fornecer acesso a uma ampla gama de documentos históricos, incluindo registros arquivísticos, mapas, fotografias, livros, periódicos e outros materiais relacionados à história local e regional. (N.E.BR)
21 Para uma análise da importância da metáfora da fome na escrita de Ocampo, ver a leitura de María Celia Vázquez, especialista em literatura argentina, do século XX, que defende que "a avidez que demonstra pela tradição europeia, em boa medida, está relacionada com a carência que sente por ser sul-americana/argentina conforme ela mesmo expressa por meio da metáfora da fome na "Carta a Virginia Woolf". María Celia Vázquez, *Victoria Ocampo, cronista outsider*, Rosário; Buenos Aires: Beatriz Viterbo/Fundación Sur, 2019, p. 50.
22 As duas palavras em inglês e a expressão em francês fazem referência à ideia de fome e/ou desejo fortes. (N.T.)

Por outro lado, na Argentina existe um material complementar, pois em seus últimos anos de vida Ocampo transcreve à máquina e traduz conjuntamente as duas cartas escritas em Londres, em 1934. Estão catalogadas com uma inscrição manuscrita de Victoria: "Carta de Victoria Ocampo a Virginia Woolf guardada com outros papéis da escritora inglesa em Sussex. Foi fotocopiada por Doris Meyer (professora de língua espanhola da Universidade de Nova Iorque)".[23]

Essa anotação — talvez por esquecimento, talvez por intenção autoral — não explicita que se tratava de duas cartas diferentes e consecutivas. Além disso, elucida: "traduzido do inglês" (ainda que, com rigor, fosse do inglês e do francês). Nesta *Correspondência*, também publicamos em fac-símile a versão datilografada e unificada das duas cartas escritas à mão em Londres, que contém pequenas correções e rasuras manuscritas de Ocampo. Ao confrontar essas versões, é possível verificar as mínimas correções de estilo, as sutis mudanças de palavras (por exemplo, risca "pouco apetite" e escreve "inapetência"; no lugar de "atroz", coloca "detestável"). As alterações lexicais não afetam a mensagem, mas indicam um contínuo afã pela revisão da escrita e nos mostram Ocampo como leitora e obsessiva editora de si mesma.

Victoria tem duas condutas com seus papéis pessoais: alguns, muitíssimos, são queimados, mas com outros faz o movimento contrário, conserva, arquiva, copia, traduz e corrige. Nesse caso, se nos lembrarmos de que as cartas já tinham sido entregues à destinatária, Virginia Woolf, no tempo e com a forma que tinham, por que, depois de tantos anos, Ocampo as transcreve? Para quem está destinada a tradução ao espanhol? E por que faz as correções?

---

23 Ver p. 88-90 (fac-símile).

Essas duas cartas de 1934, que Ocampo retoma como um texto único nos seus últimos anos de vida, têm grande valor crítico, uma vez que revelam a importância que dava à troca de correspondências com Woolf. Nessas três — ou cinco — cartas é possível observar como começa a concretizar a criação da sua figura pública feminina no espaço privado epistolar. Victoria sabe se esquivar: faz uso da construção dialógica da carta para interagir com Woolf, mas, na verdade, ela não é a sua única destinatária, porque escreve com uma ideia de recepção expandida, dentro de uma temporalidade que aponta, inclusive, para um momento posterior ao do recebimento da correspondência.

Se com a "Carta a Virginia Woolf" que abre os seus *Testimonios* [Testemunhos] Ocampo situa deliberada e enfaticamente o vínculo epistolar como início do seu projeto memorialístico, o presente livro permite observar de que modo, ao longo das correspondências, vai se costurando o papel de Virginia como impulso e guia de sua escrita autobiográfica. Ocampo escreve para Virginia: "Se tem alguém no mundo que pode me dar coragem e esperança, esse alguém é você. Pelo simples fato de ser quem você é e de pensar como você pensa".[24] Woolf entrega a Ocampo o que esta procura e a incentiva a continuar com sua escrita autobiográfica: "Espero que você siga com Dante, e depois com Victoria Okampo.[25] Foram pouquíssimas as mulheres que escreveram autobiografias honestas. É meu gênero favorito de leitura (quer dizer, quando estou incapaz de ler Shakespeare, o que acontece com frequência)."[26]

---

24 Carta de Victoria Ocampo a Virginia Woolf, 11 de dezembro de 1934, p. 46. O destaque sublinhado é de Ocampo.
25 Nesta edição, as tradutoras optaram por respeitar a grafia usada por Virginia Woolf, que demonstra resistência com o idioma espanhol, ou até mesmo um desejo de brincar com o sobrenome de Ocampo. (N.E.BR)
26 Carta de Virginia Woolf a Victoria Ocampo, 22 de dezembro de 1934, p. 53.

Junto com as cartas, esta compilação também inclui uma reedição do texto "Virginia Woolf em seu diário", de 1954, que revela outro lugar do vínculo entre as duas: o de uma Ocampo leitora e crítica literária de Woolf.[27] *Virginia Woolf em seu diário* dialoga com as cartas, porque nesse ensaio Ocampo firma a sua posição sobre a condição das mulheres e a "humilhação de suportar a ditadura masculina arbitrária".[28] Ao colocar lado a lado os textos, é possível observar que o processo de elaboração de Ocampo, sobre o lugar das mulheres no mundo das letras começou precisamente com a troca de cartas com Woolf. Parte dessas observações iniciais aparecem em "Virginia Woolf em seu diário", onde ganham forma de reflexões sobre a escrita e a leitura feita por mulheres. Nesse ponto, por exemplo, Ocampo destaca como era excepcional o fato do pai de Virginia, Leslie Stephen, dar à filha "a liberdade para ler qualquer livro da sua biblioteca".[29] É também nesse texto que Ocampo formula uma das primeiras análises feministas da obra de Woolf: "*Um quarto só seu* e *Três guinéus* tratam da história verídica da luta vitoriana entre as vítimas do sistema patriarcal e os patriarcas, entre as filhas e seus pais e irmãos."[30]

---

27 Como crítica literária, Victoria escreve vários artigos sobre Virginia ("Virginia Woolf en mi recuerdo" [Virginia Woolf na minha lembrança], "N° 3 (sobre Virginia Woolf)", "Reencuentro con Virginia Woolf" [Reencontro com Virginia Woolf], entre outros). Como editora, ocupa-se para que a obra de Woolf seja traduzida e difundida; entre 1935 e 1936, é publicado, na revista *Sur*, *Un cuarto propio* [Um quarto só seu], traduzido por Jorge Luis Borges e, depois, na forma de livro em 1936. Em 1937, Ocampo dá uma palestra sobre Woolf, depois publica nos seus *Testimonios* [Testemunhos]: "Virginia Woolf, Orlando y Cía" [Virginia Woolf, Orlando e Cia]. Também com tradução de Borges, a editora Sur publica *Orlando* em 1937 e *Tres guineas* [Três guinéus], traduzido por Juan Román J. Jiménez, em 1941. A editora Sur ainda edita o *Diario de una escritora* [Diário de uma escritora] em 1954.
28 V. Ocampo, "Virginia Woolf em seu diário", p. 116.
29 Ibid., p. 107.
30 Ibid., p. 111.

A dama e o unicórnio (em francês, *La Dame à la licorne*) é uma tapeçaria medieval flamenca conservada no museu de Cluny, em Paris. São seis tapetes feitos de uma técnica muito complexa, tecidos artesanalmente com fios de lã e seda coloridos, e o tamanho é impressionante; o projeto, ambicioso: são exibidas milhares de flores, de mais de quarenta espécies. Algumas são selvagens, como as violetas. Outras são cultiváveis, como o jasmim e o cravo. Os tapetes também têm a sua fauna: animais domésticos, como a ovelha, e animais selvagens, como a raposa e a pantera. No entanto, o animal que certamente mais chama a atenção é o fantástico: o unicórnio, que sempre está ao lado e em contato com a protagonista dos tapetes, a dama. As interpretações apresentadas pela crítica de arte sobre o significado da dama são dissonantes. Sem entrar nessa discussão, podemos dizer que ela sempre está vestida de uma forma diferente. Seus vestidos são coloridos, com estampas envolventes mas não muito chamativas, que misturam vermelho, azul, dourado, verde e violeta. Sua fisionomia é delicada; contudo, olhando detalhadamente para cada um dos tapetes podemos observar que ela muda segundo a cena. Mas no que cabe à iconografia geral dos tapetes, a crítica concorda: representam os cinco sentidos. No tapete do tato, a dama acaricia o chifre do unicórnio; no do paladar, pega algum doce e o oferece a uma maritaca; no do olfato, trança uma coroa de cravos, uma flor muito aromática; no da audição, toca órgão; e, por último, no da visão, oferece um espelho para o unicórnio, que está no seu colo. O sexto tapete inclui uma inscrição: "*A mon seul désir*" [Ao meu único desejo]. Em relação ao seu significado, a dissonância é ainda maior. Alguns a interpretaram como marca do livre-arbítrio; outros, como metonímia do amor cortês ou, ainda, como existência de um sexto sentido que conduziria os demais, o coração. Seja qual for a interpretação, a inscrição fala do misterioso desejo de uma mulher. Em "Virginia Woolf em seu diário", Ocampo afirma:

Virginia Woolf sempre aparece coberta pelas maravilhosas pregas de um tecido caro, de bom caimento. Está sempre tão vestida como *A dama do unicórnio*, e não podemos imaginá-la vestida ou desvestida de outra maneira. Ela é *A dama do unicórnio* das letras contemporâneas, com fundo de verdure, ao estilo da tapeçaria.[31]

Por que Ocampo escolhe essa imagem para falar de Woolf? Ou, poderíamos dizer, por que escolhe essa imagem para falar de si mesma? Virginia se transforma em um ponto de referência para Ocampo porque lhe interessa se vincular a Woolf como mulher e escritora consagrada, em uma construção relacional que opera por oposição e diferença, em que existe "uma que é ligada a uma admirável tradição e outra que é ligada ao vazio".[32] Quem sabe poderíamos completar uma frase que aparece na primeira de suas cartas a Woolf, em que implora, "Por favor, Virginia, não pense, nem por um instante, que quero te adular",[33] com um hipotético: "na verdade o que eu quero é me descolar da minha primeira pessoa e me escrever em união com você, no espaço não tão privado da carta".

Virginia e Victoria são duas damas do unicórnio, bordadas em suas vestimentas antigas e modernas. Se olham com desconfiança, se comparam com humor, se elogiam com hipérboles, se encontram e se desencontram; mas, sobretudo, se escrevem para se aproximarem e se unirem no espaço compartilhado da correspondência.

— MANUELA BARRAL, pesquisadora argentina

---

31 Ibid., p. 128.
32 V. Ocampo, *Testimonios, Primera serie (1920-1934)*, Buenos Aires: 1981 [1935], p. 7.
33 Carta de Victoria Ocampo a Virginia Woolf, 5 de dezembro de 1934, p. 35.

Correspondência
(1934 – 1940)

Terça-feira [27 de novembro, 1934]
Tavistock Square, n° 52, w.c.1

Querida Madame Okampo,[1]

Você é muito generosa, e, se ficar me mandando essas lindas borboletas roxas [orquídeas],[2] terei que compará-la a uma. Abri a caixa e pensei "É assim que se parece um jardim na América do Sul!". Neste momento estou sentada à sombra delas e tenho que lhe agradecer mil vezes. Pelo contrário, eu é que deveria ter me desculpado pelas perguntas. É um costume inadequado, fruto do terror e do prazer. Mas, se você vier nos visitar, eu não farei perguntas. Farei só comentários sensatos. Terça, dia 4 de dezembro, às 16h30, fica bom para você? E se importaria de nos encontrar a sós, no andar de cima de um escritório encardido de advocacia?
    Seria uma grande alegria se você viesse.
    Com a mesma gratidão, e mais desculpas,

Sinceramente sua,
Virginia Woolf

---

[1] Ver nota 25 da apresentação.
[2] As explicações entre colchetes são dos editores de *The Letters of Virginia Woolf* [As Cartas de Virginia Woolf] (Londres: Hogarth Press). (N.T.)

Terça-feira [29 de novembro, 1934]
Tavistock Square, n° 52, w.c.1

Querida Madame Okampo,

Em vez de terça-feira, você gostaria de vir no sábado ou no domingo para o chá, às 16h30? Qualquer um dos dois dias ficaria bom para nós, se nos fizer a gentileza de dizer qual. Dessa maneira não comprometemos nossa viagem a Paris.
    Foi muito gentil da sua parte tratar de forma tão generosa as minhas perguntas. Todavia, estou rabiscando: tenho que sair, então vou deixar para depois — digo, minha gratidão e interesse — e pedirei que acredite neles.
    Lerei o livro de novo: muito obrigada.

Sinceramente sua,
Virginia Woolf

New Clarges Hotel
Halfmoon Street, Piccadilly
Londres w. 1

Esta quarta-feira (1934)[3][4]

Querida Virginia,

Acredito que permanecerei em Londres até a próxima semana, pois acabei de receber uma carta de Madri contando que me esperam desde o começo de novembro. Atente que preciso publicar um livro lá ainda este mês.[5] Mas, como não conseguirei voltar a Londres por enquanto, é melhor que eu fique mais alguns dias. O quanto for possível.

Eu sei bem que há muitas pessoas interessantes com quem conversar em Londres. É assim também em Paris. Mas pouquíssimas (pelo menos lá, onde conheço quase todo mundo que escreve e que vale a pena conhecer) são interessantes para mim da forma como você, ou André Malraux, o são. Digo, de uma maneira vital!

Valéry é um grande amigo meu. Assim como Drieu (ainda mais). Anna de Noailles também. Fargue é muito divertido. Giraudoux é encantador. Morand é muito agradável etc. etc. Porém,

---

3 Esta carta, de 5 de dezembro de 1934, está escrita alternando o francês e o inglês, como se pode ver no fac-símile do manuscrito original (cf. p. 38-42), Victoria Ocampo a retomou no final dos anos 1970: a traduziu para o espanhol, a editou, a uniu com a carta de 11 de dezembro de 1934 (cf. p. 46) e assim produziu um novo texto datilografado que incluímos no final desta correspondência (cf. p. 88-90). (N.E.).
4 Na edição brasileira, traduzimos a versão que está em inglês e francês, tentando emular esse jogo de línguas das trocas entre as duas. (N.T.BR)
5 Na versão posterior, Ocampo acrescenta, entre colchetes: Revista de Occidente, Primeiro volume de TESTIMONIOS [TESTEMUNHOS]. (N.E.).

não me oferecem nada de vital.[6] Eu diria que é isso que procuro.[7] Por favor, Virginia, não pense, nem por um instante, que quero te adular. Detesto esse tipo de coisa.[8] Ontem, quando você falou de K. Mansfield & eu disse que não deveria se comparar com ela (ou outras, pelo menos como as conheço),[9] é porque, embora eu consiga ver perfeitamente o encanto delas, significam muito pouco para mim. Eu não gosto de comer & nem de ser alimentada. Sou uma pessoa voraz. E acredito que ter fome é tudo.[10] Não tenho vergonha de ser faminta. Você não acha que amor é a nossa fome de amar? (Estou falando de amor em maiúsculo.)

Quero dizer que nossa fome é um elemento muito importante. Que as coisas só existem de verdade para nós quando e porque temos fome delas e na medida em que essa fome é imensa. O segredo de um Picasso é que ele tem fome de pintura.[11] É por isso que ele diz: "eu não procuro, eu acho". É a sua fome que fala. O que me assusta na Europa (França, Espanha, Itália) é uma espécie de perda do apetite dos seres. Lá em casa, temos apetite, mas ainda nos falta o alimento! E viemos pra cá... famintas.[12] Meu Deus! Como eu teria coisas para te dizer e para te perguntar.[13]

---

6 Referência aos escritores franceses Paul Valéry (1871-1945), Pierre Eugène Drieu La Rochelle (1893-1945), Anna de Noilles (1876-1933), Léon-Paul Fargue (1876-1947), Jean Giraudoux (1882-1944) e Paul Morand (1888-1976). (N.E.BR)
7 Na versão posterior, Ocampo recorta este parágrafo, omitindo grande parte dos nomes próprios e sintetizando as ideias com a frase: "Quero dizer, de uma maneira vital. Poucas me entregam esse elemento, que me é tão necessário." (N.E.)
8 Na versão posterior, Ocampo suprime esta frase. (N.E.)
9 Este parênteses está riscado à mão na versão posterior. (N.E.)
10 Na versão posterior, Ocampo suprime esta frase. (N.E.)
11 Ocampo introduz aqui uma nota e, na margem superior, acrescenta: "Uma fome de ogro!". (N.T.)
12 Na versão posterior, Ocampo prefere traduzir o adjetivo *affamés* por "famélicos". (N. E.)
13 Até aqui chega o texto que Ocampo retoma a versão dos anos 1970; o restante da carta é omitido, para passar, depois de uma separação gráfica, para a carta de 11 de dezembro de 1934, sem esclarecer que se trata de dois textos com datas diferentes. (N.E.)

Me avise quando estiver livre. Se você quiser jantar ou almoçar com o seu marido aqui, qualquer dia, eu ficarei encantada. Mas, se o assunto te aborrecer, não falaremos mais disso.

Do que eu mais gosto é conversar com você ao pé do fogo.

Victoria (como a antiga Rainha)

P.S.: Quando eu disse que você poderia me ajudar, quis dizer que, ao ser <u>você mesma, me permitiria sentir a sua *"présence réelle"*</u> ["presença real"] (como diriam as pessoas católicas). Você me ajudou imensamente. Esse é o tipo de que apoio que preciso.

> Ce mercredi.
>
> **NEW CLARGES HOTEL,**
> HALFMOON STREET,
> **PICCADILLY,** Victoria Ocampo
> **LONDON, W. 1.**
>
> Dear Virginia,
>
> I think I will stay in London till next week, though I just received a letter from Madrid where they are waiting for me since the first days of November. You see I must publish a book there this very month. But as I shall not be able to come back to London now, it's better for me to stay some days more. As long as I possibly can!
>
> Of course, I know quite well there are lots of interesting people to talk to in London.

Fac-símile do original da carta de Victoria Ocampo para Virginia Woolf de 5 de dezembro de 1934. Ver página 35.

The same happens in Paris.
But very few (at least in
Paris where I know nearly
every writer worth knowing)
of them are interesting to
me in the way you, or
André Malraux, are interesting. & I mean in a
vital way!
Valéry is a very good friend
of mine. So is Drieu (even
more) So was Anna de Noailles.
And Fargue is quite amu-
sing. And Giraudoux is
delightful. And Morand
is quite nice etc etc But
they give me nothing vital.
And I must say that is
the thing I most crave
for.
Please, Virginia, don't think
for an instant I am trying
to flatter you. I hate it.

NEW CLARGES HOTEL,
HALFMOON STREET,
PICCADILLY,
LONDON, W. 1.

When you spoke yesterday of K. Mansfield & I said you were not to be compared with her (or others, such as I know them) it is because though I can perfectly see their charm, they mean very little to me. I don't like to eat & not be nourished. I am a very voracious person. And I believe hunger is all. I am not ashamed of being hungry. Don't you think love is a hunger to love? (I am speaking of love with a capital).

Je veux dire que notre faim est un élément très important.

a une faim d'Ogre !

que les choses n'existent vraiment pour nous que lorsque et parceque nous avons faim d'elles et dans la mesure où cette faim est intense. Le secret d'un Picasso c'est qu'il a faim de peinture. C'est pour cela qu'il dit : "je ne cherche pas, je trouve". C'est sa faim qui parle.
Ce qui m'effraye en Europe (France, Espagne, Italie) c'est une espèce de défaillance de l'appétit chez les êtres. Chez nous, il y a l'appétit.... mais la nourriture manque encore ! Si vous veniez ici... en affamés
Dieu ! que j'aurais de choses à vous dire et à vous demander.
Faites moi signe quand vous

NEW CLARGES HOTEL,
HALFMOON STREET,
PICCADILLY,
LONDON, W. 1.

Serez libre! Si vous voulez diner ou déjeuner avec votre mari ici, un jour, j'en serai ravie. Mais si cela vous embête n'en parlons pas.
Causer avec vous au coin du feu est ce que je préfère. *Victoria*
(like the old Queen)

P.S. When I told you you could help me, I meant that by being yourself what you are & by letting me feel that through your "présence réelle" (as the catholics would say) you were helping me enormously. That is the sort of help I need!

Quarta-feira [5 de dezembro, 1934]
Tavistock Square, n° 52, w.c.1

Querida Victoria,

Sim, você escreveu uma carta muito precisa e não vou dizer lisonjeira, mas impetuosa. Concordo sobre a fome e concordo que estamos bastante saciadas, ou tão famintas a ponto de nem ter apetite. Quão interessada estou em sua língua [espanhol], que é como uma boca aberta de onde não saem palavras — algo bem diferente do inglês. Hoje estou aturdida, conversando com pessoas diferentes, tanto que não estou dizendo nada de maneira direta. Mas o que devo expor é que na sexta-feira vamos sair para passar o fim de semana fora, voltaremos na segunda. Portanto, a única chance é se você puder jantar conosco na terça, dia 11, às 20h. Na ocasião teremos, jantando, um bom e tranquilo rapaz [William Plomer] que passou anos em uma fazenda na África do Sul; poderíamos nos sentar e conversar, digo, não haveria entraves, pois deixaríamos de lado as formalidades. Não se preocupe com a roupa, venha sem chapéu. Seremos Leonard, eu, o rapaz e você.

    Caso contrário, só estarei livre na segunda-feira durante o chá, mas, às vezes, chás sofrem interrupções. Portanto, se puder vir no jantar de terça, o faça. Me avise, se puder, e perdoe os garranchos desconexos escritos sob o brilho de rosas vermelhas. Ah! Nem tenho espaço suficiente para descrevê-las, muito menos cérebro.

Sua, Virginia Woolf

Sexta-feira [7 de dezembro, 1934]
Tavistock Sq., n° 52, [w.c.1]

Querida Victoria,

Não, já é demais — como a antiga rainha costumava dizer: me refiro às suas flores. Por favor, não faça isso de novo: por favor, aceite meu (o que ela teria dito) profundo agradecimento; mas, de agora em diante, não me dê nada. Sou uma mulher sem graça que prefere, depois de um presente (e você me deu orquídeas e rosas), não receber outros. Isso que dá ter sangue do clero escocês — uma raça detestável. Como sempre, estou escrevendo em um redemoinho. O bebê da faxineira está com sarampo. Tenho que preparar o jantar na nossa casa de campo. Venha na terça, às 20h. Mesmo que o jovem apareça e fique entusiasmado em conhecê-la, pois morou em seu país, sozinho no campo — se ele aparecer e se apaixonar por você, ainda assim conseguiremos conversar em particular. E gosto mais do final da tarde, aqui nunca estou sozinha na hora do chá. Então, às 20h na terça-feira: nada de traje formal.

    Desculpe o garrancho.
    Estou levando seu manuscrito para o campo.

Sua, V. W.

Domingo [9 de dezembro, 1934]
[*Monk's House, Rodmell, Sussex*]

Cara Victoria,

Como eu devo ter me expressado mal — caso tenha achado que, pela minha escrita apressada e ilegível, não gosto de suas rosas. Minha querida! Eu as adoro. Acontece que, às vezes, a suntuosidade e o esplendor dos seus presentes fazem o tataravô que vive em mim colocar os óculos e dar uma fungada. Nem quis dizer (outro golpe no meu orgulho de escritora) que eu teria que cozinhar no jantar de terça-feira. Não. Foi no de ontem. No interior. Estávamos em nossa casa de campo. Porém, chegaram visitas e não tive tempo de ler; só de cozinhar.

Então, terça-feira, às 20h.

Sua, Virginia Woolf

A propósito, por fim, estarei sozinha amanhã, segunda, às 18h, caso possa vir. Mas, suponho que, como deve ser o caso, você esteja em frangalhos — indo embora.

New Clarges Hotel
Halfmoon Street, Piccadilly
Londres w. 1

Esta terça de manhã[14]

Querida Virginia:

Tenho a impressão de não ter dito nada ontem daquilo que eu queria. Parece, mais do que nunca, que estávamos nos falando em uma estação, cinco minutos antes da partida do trem ou — o que é ainda mais atroz — em um cais (oh! esses cais, o que eu não sofri por causa deles na vida! Esse arrancar-se perpétuo e esse Oceano Atlântico que é o pesadelo implacável em que caio novamente). Estou farta dessas separações! Como fazer, Virginia, para colar a Europa e a América e secar o oceano que as separam? Ou como fazer para me privar de um desses continentes que me dividem? Como fazer para secar meu coração de tanta saudade![15]

---

14 Esta carta, de 11 de dezembro de 1934, foi escrita em francês (menos o vocativo de abertura: "Dear Virginia"). Victoria Ocampo a retomou no final dos anos 1970: a traduziu para o espanhol, a editou (suprimindo, entre outras coisas, as marcas temporais do começo da carta: "Terça pela manhã" e "ontem"), a uniu com a carta de 5 de dezembro de 1934 (cf. p. 35) e assim produziu um novo texto datilografado que incluímos no final desta correspondência (cf. p. 88-90) (N.E.)
15 Na versão posterior, esta parte do parágrafo está bem editada: no lugar de "arrancar-se perpétuo", lê-se "um perpétuo arrancar-se do chão, de algumas pessoas"; suprime--se inteira a exclamação "Estou farta dessas separações!", risca-se à mão o vocativo "Virginia", e as perguntas finais aparecem reformuladas, inclusive com correções manuscritas que substituem as duas aparições do verbo "secar" por "desapareça" e "nos curarmos de", respectivamente. (N.E.)

Não se trata de romantismo nem de sentimentalismo, dos quais tenho horror.[16] Se eu pudesse, ao menos, contar essa história, eu me sentiria parcialmente liberta. Mas contá-la como, de que maneira? É isso que não encontro.

É como se o meu coração pudesse suportar apenas o clima sul-americano,[17] ao passo que minha mente pudesse suportar apenas o clima europeu. É isso, mas não é exatamente isso![18] É algo para o qual preciso encontrar as palavras...[19] que "não estão no Littré",[20] como diria severamente[21] Anna de Noailles.[22]

Se tem alguém no mundo que pode me dar coragem e esperança, é você. Pelo simples fato de ser quem você é e de pensar como você pensa.[23]

Eu seria ingrata se dissesse que nunca fui encorajada etc. Tenho amigos (homens) que acham que sou talentosa a ponto de ser genial,[24] dizem e escrevem isso. Mas essas declarações, lá no fundo, sempre me deixaram fria e incrédula. Elas são impuras. Você entende o que eu quero dizer...[25] Os homens julgam uma mulher sempre (ou quase sempre) conforme eles mesmos,

---

16 Na versão posterior, Ocampo suprime esta frase. (N.E.)
17 Na versão posterior, Ocampo escreve "o clima da América". (N.E.)
18 Na versão posterior, Ocampo suprime esta frase. (N.E.)
19 Na versão posterior, reformula-se esta frase: "Me faltam palavras para dizer isso". (N.E.)
20 Referência ao *Dictionnaire de la Langue Française de Émile Littré*. (N.T.)
21 Na versão posterior, datilografada, mas riscada, é possível ler "diria severamente", que é substituída por "destacaria surpresa". (N.E.)
22 Anna Elisabeth de Brancovan, condessa de Noailles (1876-1933), poeta e escritora francesa. Victoria Ocampo a visitou várias vezes. O encontro de 1929 está descrito em *Testimonios* [Testemunhos], Primeira série. (N.T.)
23 Na versão posterior, adiciona-se à mão: "Perdoe o lugar comum". (N.E.)
24 Na versão posterior, Ocampo substitui "a ponto de ser genial" por pontos suspensivos. (N.E.)
25 Na versão posterior, Ocampo suprime ambas as orações. (N.E.)

conforme as reações que eles têm no contato com ela (espiritual... até).[26] Sobretudo se ela não for disforme ou não tiver um rosto desagradável.[27] É inevitável para eles, em especial se forem latinos. Eles não podem portanto servir como referência, honestamente.[28] Virginia, não deixe que a lâmina da guilhotina caia sobre nós, ou ficarei triste[29] e vazia pelo resto da vida (não são belas palavras, é mesmo a verdade). Entre nós duas, não sou eu que posso dar, mas você.

Que todas essas palavras que lanço entre nós não sejam como as migalhas de pão que o Pequeno Polegar lançou pelo caminho para não se perder, para poder se encontrar. Que essas palavras não sejam comidas, como as migalhas de pão, pelos pássaros... (apagadas por essa lâmina que é a distância).[30]

---

26 Na versão posterior, Ocampo suprime estes parênteses. (N.E.)
27 Na versão posterior, acrescenta-se à mão: "e lhe sobra juventude". (N.E.)
28 Na versão posterior, Ocampo reformula esta frase: "Consequentemente, não podem oferecer uma verdadeira garantia de juízos assentados em um terreno pantanoso. (Há exceções)." (N.E.)
29 Na versão posterior, Ocampo opta por "empobrecida". (N.E.)
30 Na versão posterior, este parágrafo aparece bastante editado: "lanço" está riscado e é substituído à mão por "semeio"; no lugar de "se encontrar", lê-se "não se perder no retorno" e, no final, no lugar da referência à distância, diz: "que não desapareçam ao cair o fio da guilhotina: a ausência". (N.E.)

Não tenho tempo de te escrever esta manhã, infelizmente. Sobre K.,[31] não me parece possível fazer algo aceitável. Não gosto dele.[32] E me diga, Virginia, como posso te escrever sem ter o destino — oh!, sem o gênio — de Proust perante Anna?[33/34]

Victoria

---

31 Referência a Hermann Alexander von Keyserling (1880-1946), filósofo e escritor alemão. Ocampo manteve uma relação conflituosa com ele, assunto sobre o qual ele escreveu em suas *Meditaciones sudamericanas* [Meditações sul-americanas], e ela em *El viajero y una de sus sombras* [O viajante e uma de suas sombras] e no quinto volume da sua *Autobiografía* [Autobiografia]. (N.E.)
32 As três frases anteriores são omitidas na versão posterior. (N.E.)
33 Na versão posterior, Ocampo substitui o "perante" por uma marca temporal: "quando há alguns anos escrevia para". Além disso, acrescenta logo após a pergunta uma nota de rodapé com comentários sobre Anna de Noailles. (N.E.)
34 Marcel Proust e Anna de Noailles se conheceram em 1893, mantiveram uma grande amizade literária e uma profícua correspondência. De maneira geral, Proust elogia bastante a sua poesia. (N.E.)

Fac-símile do original da carta de Victoria Ocampo a Virginia Woolf, de 11 de dezembro de 1934. Ver p. 46.

pouvait supporter que le climat sudaméricain tandis que mon intelligence ne peut supporter que le climat européen. C'est cela, mais ce n'est pas cela exactement! C'est une chose pour laquelle il faudrait trouver des mots... "qui ne sont pas dans le Littré" comme dirait avec sérénité Anna de Noailles.

S'il y a quelqu'un au monde qui *peut* me donner du courage et de l'espoir, c'est bien vous. Par le simple fait d'être ce que vous êtes et de penser comme vous pensez.

Je serais ingrate si je disais que je n'ai jamais été encouragée etc. J'ai des amis (hommes) qui me croient douée jusqu'à la génialité et le *disent* et l'écrivent. Mais ces déclarations m'ont toujours laissée froide et incrédule au fond de moi même. Elles sont *impures*. Vous comprenez ce que je veux dire... Les hommes jugent toujours une femme (ou *presque* toujours) selon *eux-mêmes*, selon les réactions qu'ils éprouvent à son contact (spirituel... même). Surtout si elle n'est pas *contrefaite* et de visage *désagréable*. C'est une faiblesse chez eux. Surtout s'ils sont *latins*. Ils ne peuvent donc pas servir de point de repère, *nommément*.

Virginia, ne laissez pas le couperet de la guillotine tomber entre nous, ou j'en serais attristée

NEW CLARGES HOTEL.
HALFMOON STREET.
PICCADILLY.
LONDON, W. 1.

est dépareillée pour le reste de la vie / ce ne sont pas de grands mots, c'est la vérité même /. Entre nous deux ce n'est pas moi qui puis donner, mais vous. Vous le savez mieux que moi. Toutes ces paroles que je jette entre nous qu'elles ne soient pas comme la mie de pain que le petit Poucet avait jeté sur son chemin pour ne pas se perdre, pour pouvoir se retrouver. Que ces paroles ne soient pas mangées, comme la mie de pain, par les oiseaux. (Effacées ce couperet de guillotine qu'est la distance.)

Je n'ai pas le temps de vous écrire ce matin, malheureusement.
Sur K. il me semble qu'il me sera impossible de rien faire de passable. Je ne l'aime pas.
Et dites-moi, Virginia, puis-je vous écrire sans avoir le sort — hélas, sans le génie — de Proust auprès d'Anna?

Victoria

NEW CLARGES RESTAURANT. CLARGES STREET, PICCADILLY, W.1.

22 de dezembro, 1934
Monk's House, Rodmell, Lewes [Sussex]

Querida Victoria,

Eu lhe disse o quanto eu era péssima em escrever cartas e agora você vai acreditar, pois faz quinze dias que me escreveu. O fato é que as coisas aqui em Londres estão um caos: um amigo muito doente [Francis Birrell] e assim por diante. Chegamos aqui ontem, e a primeira coisa que fiz foi ler o seu [Aldous] Huxley — o outro. Fico muito contente por você escrever crítica em vez de ficção. E tenho certeza de que é uma boa crítica — precisa e afiada tal como uma faca, não com um forcado de uma máquina velha enferrujada. (Estou vendo uma atravessando o pasto.)
 Eu gosto demais da mente de Aldous, mas não da sua imaginação. Vou explicar, quando ele diz "Eu, Aldous"..., consigo acompanhar, o que eu não gosto é "Eu, Rampion —" ou qualquer que seja o nome do homem. Mas você disse tudo isso e ainda mais coisas que me agradaram. Espero que você siga com Dante, depois com Victoria Okampo. Foram pouquíssimas as mulheres que escreveram autobiografias honestas. É meu gênero favorito de leitura (quero dizer, quando estou incapaz de ler Shakespeare, o que acontece com frequência). O que você está fazendo em Paris? Não tenho ideia. Quando a encontrei, até fiz um esboço precário da América do Sul, mas o que se faz em Paris das 10h às 16h? Com quem se encontra? Por onde se anda? E... nem consigo fazer todas as perguntas que gostaria. Aqui seguimos em tons cinzas, úmidos e muito ingleses. Menininhos cantam canções natalinas no gramado; carroças percorrem os pastos alagados e cobertos de nabos; é uma paisagem pequena, cinza e sinuosa — minha: para além da janela.

Ainda sonho com a sua América. Espero que você escreva um livro inteiro de textos críticos e me envie. Se você tiver tempo, uma carta de vez em quando.

    Sim, nossa noite, nossa noite turca, foi muito prejudicada. Culpa de Londres.

V. W.

Sua carta de Madri acabou de chegar. Ontem enviei seu manuscrito para a Av. de la Bourdonnais. Espero que te encaminhem. Voltarei a escrever.

28 de dezembro, 1934
Monk's House, Rodmell, Lewes, Sussex

Querida Victoria,

Palavras não podem expressar o quanto fui ignorante: enviei os manuscritos para Paris e depois escrevi para a *Recidencea de Senoritas*,[35] em Madri, não para o endereço que encontrei no final da sua carta. Por favor, perdoe a minha incapacidade, espero que os manuscritos tenham sido enviados com segurança. Foi mesmo um grande descuido da minha parte, isso que dá querer ser prática.

Esta não é uma carta, apenas um pedido de desculpas, escrito entre uma ventania uivante e uma tempestade, de forma que não consigo sair para o meu escritório no jardim, onde poderia pensar sobre o que estou escrevendo. Converso enquanto escrevo. Estou falando com Leonard, que está arrumando uma lâmpada, enquanto o sagui passa entre nós, sempre com o mesmo olhar de como se o mundo fosse uma pergunta. Mas essa não é uma novidade para enviar a Madri, a menos que o sagui apareça de repente com a resposta.

Chegou o Lawrence[36] — um livro de aparência magnífica; embora eu não consiga ler nem uma única palavra, ficarei orgu-

---

35 A grafia em espanhol seria *Residencia de Señoritas*; ela comete esse e outros erros tentando escrever em espanhol. (N.T.BR)
36 Virginia Woolf se refere à tradução para o espanhol do romance *Canguru*, de D. H. Lawrence, com prólogo de Victoria Ocampo. Foi o primeiro volume publicado pela editora Sur, cuja criação foi informada no número 8 de setembro de 1933 da revista homônima com uma breve "Notinha" no final do exemplar. (N.E.)

lhosa de ver *Um quarto* desse jeito. Acho que o *Quarto*[37] é o melhor para começar: depois, talvez, se você quiser outro, *Orlando* e *Ao farol*. Recebi notícias do seu agente hoje de manhã e, curiosamente, na mesma leva, recebi uma cópia de uma tradução para o espanhol de *Mrs. Dalloway* (creio que uma edição catalã), então nem se dê ao trabalho. Nunca li nenhum deles desde que os escrevi, me parecem rostos que vi na infância — aqueles livros longínquos, pelos quais eu estava tão apaixonada enquanto escrevia. Tenho me sentado para ler, caminhado e sonhado, servindo chá aos Keynes; escrevendo um livro (mais uma vez com paixão). Mas isso não significa que eu tenha me esquecido de você ou das suas orquídeas e rosas. O que você tem feito em Madri? Chove por aí? É um lugar que só conheço com tempo bom.

Saudações, V. W.

---

37 Referência a *Um quarto só seu*, op. cit. (N.E.BR)

22 de janeiro, 1935
Tavistock Square, nº 52, w.c.1

Minha querida Victoria,

Acabei de mandar um telegrama em resposta ao seu. Fico apavorada só de pensar que minha acentuada aversão a escrever cartas tenha feito você suspeitar, nem que fosse por um momento, de uma frieza minha — garanto que não tenho propensão ao vício de ficar ofendida. E por que eu me ofenderia com você? Por favor, lembre-se de que não tenho secretária; primeiro cuido das cartas tediosas e deixo as interessantes para depois, quando tenho tempo. Faz quinze dias que não consigo escrever uma única palavra; tive que dar aulas para gente do teatro, ensaiar e depois encenar uma peça que escrevi. Tudo bem que era só para pessoas mais próximas — mas, nossa, quanto tempo isso me tomou! Hoje é a primeira noite que tenho livre. Então, por favor, me perdoe. E, no futuro, lembre-se de que sou capaz de um silêncio infinito, mas incapaz — assim espero e acredito — de me ofender. Caso acontecesse, imediatamente eu faria aparecer um telegrama verborrágico debaixo do seu nariz. Mas chega de falar disso. Sinto muito por parecer insensível quando, na verdade, você foi muito generosa em me escrever. Refiro-me às páginas que me enviou. Normalmente não gosto de parecer pessoal no impresso, mas nesse caso não vejo problema, gostei muito do que você disse e agradeço. Quando o livro será lançado?

    Tenho levado uma vida agitada e tagarela desde que voltamos de Sussex. Não posso dizer que tenho escrito. Fiquei horas em uma sala repetindo minhas próprias palavras [*Freshwater*], para divertir as crianças de minha irmã. Agora estou voltando a me acomodar. E você está prestes a viajar para a terra das borboletas grandes e dos campos vastos [Argentina], a qual consigo esboçar a partir de suas palavras aladas. Que vida estranha e fragmentada esta que levamos — quanta ilusão! Mas não me deixe afundar no pântano. Me conte o que anda fazendo, quem anda encontrando, como são o campo e a cidade, assim como seu quarto, a sua casa; desde a comida até os gatos e cachorros, também o tempo que gasta com isso e aquilo. E, por favor, não pense que sou fria porque não tenho escrito. É que escrever me deixa cansada.

Sua, V. W.

Não tenho o seu endereço em Buenos Aires. Por favor, me diga para onde devo escrever.

26 de fevereiro [1935]
Tavistock Square, n° 52, w.c.1

Minha querida Victoria,

O seu livro magnífico chegou.[38] Como é tentador — não consigo ler uma palavra e mesmo assim elas se parecem com algumas que eu conheço. Devo esperar a edição francesa ou devo aprender espanhol? A esta altura você já está entre as borboletas; eu sigo em Londres, na mesma sala que você descreveu, exceto por um ou outro fim de semana ocasional no campo. Tudo muito monótono e enfadonho. Ainda assim, Londres está cheia de gente que eu conheço, e suas almas costumam transbordar lava, chamas: quero dizer que falam muito e nem sempre fofocam. E agora, o que você está fazendo? Um coronel idoso estava me contando sobre a dificuldade de começar um clube de campo. Imagino que você ouça o vento fazendo deitar um milhão de acres de grama dos pampas. Não sei como anda a edição de *Um quarto só seu* [espanhola]. Vou perguntar. Quanta incoerência nesta carta! Enfim, não consigo improvisar uma imagem sua. Imagino você jogando tênis, a bordo de um navio, com um cavalheiro moreno como o rei da Espanha. Qualquer dia desses, me diga a verdade e me mande uma imagem muito precisa da sua casa. Aceite minha saudação e agradecimento pelo livro fascinante.

Sua, V. W.

---

38 Possível referência à primeira edição dos *Testimonios* [Testemunhos] de Victoria Ocampo, publicada em Madri, em 1935, pela *Revista de Occidente*. (N.E.)

28 de maio, 1935
Moulins, França[39]

Querida Victoria,

Recebi a sua carta em Pisa (estamos voltando de Roma, onde ficamos com minha irmã), escrevo às pressas neste quarto de hotel, com uma luz horrível, para dizer que não conseguimos entender por que você não recebeu notícias da Hogarth Press sobre *Um quarto* [só seu]. Leonard diz que escreveram para Madri já faz um bom tempo. De qualquer forma, ele vai averiguar quando voltarmos, na próxima semana. Não preciso dizer que ficarei muito satisfeita se você achar que consegue dar conta disso. A editora irá retornar.

Estivemos na Holanda, Alemanha e Itália, vimos muitas civilizações diferentes. Na verdade, meu cérebro está tão cheio que quero entrar em coma e parar de girar como um pião.

Ai de mim, que gastei as férias do ano e não irei até a América do Sul! Em outra ocasião? Sim, espero que sim. Sigo imaginando enormes borboletas amarelas, seu quarto e suas flores. Esqueci o endereço! Mas, em vez de esperar para postar em Londres, mandarei esse rabisco ilegível para o diplomata inglês (em Buenos Aires) e confiarei nele para te encaminhar.

Não se esqueça de mim.

Sua, V. W.

---

[39] A edição argentina registra Monk's House, no entanto optamos, nesta edição brasileira, por Moulins, França, conforme registra a edição do *The Letters of Virginia* (v. 5, p. 395). (N.E.BR)

21 de junho, 1935
Monk's House, Rodmell, Lewes (Sussex)

Minha querida Victoria,

Que capítulo de infortúnios! Mas é claro que eu quero que você edite *Um quarto só seu*. Outro dia escrevi da França para dizer isso, mas enviei para o embaixador britânico no Uruguay[40] [Argentina], pois não tinha seu endereço. Recentemente, o coordenador da editora fez a mesma coisa: então, provavelmente, você nunca recebeu as cartas e, antes disso, também escreveram para Madri. A esta altura espero que você já tenha notícias das cartas e que o assunto esteja resolvido.

Que motivo eu poderia ter para não querer que fosse você a fazer isso? Nem pensar, ficarei honrada e muito feliz. Quero escrever uma continuação, denunciando o fascismo. Mas, antes, preciso terminar meu romance. Também fui convidada para escrever algo sobre Roger Fry, o crítico. Estou com a agenda lotada. De qualquer forma, quero escrever um artigo ou dois — só Deus sabe sobre o quê. Posso lhe enviar um deles — devo? Mas só se você prometer recusá-lo. Você nos deixa muito tentados com a sua América do Sul. Gostaríamos de planejar uma viagem para aí na próxima primavera, mas isso depende de tanta coisa: o escritório, tempo, livros e assim por diante. Me conte sobre as borboletas e sua alma estilhaçada — essas "nostalgias" —, que é o que quero dizer sobre "estilhaçada". Finalmente, o tempo está bom por aqui,

---

[40] Outra grafia errada tentando escrever em espanhol. Além disso, confunde o Uruguai com a Argentina. (N.T.BR)

mas como tem chovido e nevado! Londres está cheia, transbordando de gente, e eu gostaria que você estivesse dirigindo o seu elegante carro branco. Reitero: só tenho tempo para escrever nos fins de semana.

Sua, Virginia

29 de outubro, 1935
[*Tavistock Square, n° 52, w.c.1*]

Querida Victoria,

Há uma semana — não; temo que foi há mais de uma — duas misteriosas senhoras estrangeiras surgiram no saguão justamente quando eu estava me despedindo, por cinco anos, de um velho amigo que foi elevado (sua esposa, na verdade) à ridícula, e exaltada, posição de governador-geral do Canadá [Tweedsmuirs].[41] As senhoras pressionaram um embrulho grande na minha mão, murmuraram alguns comentários melodiosos mas incompreensíveis sobre "entregar isso em mãos" e desapareceram. Levei pelo menos dez minutos para perceber que era o seu presente de borboletas sul-americanas. O que poderia ter sido mais fantasticamente inesperado! Era um fim de tarde friorento, a rua estava à frente, e havia uma fileira de luzinhas vermelhas que marcavam a vala: e aí, as borboletas! Tínhamos pessoas para jantar, e não tive tempo para nada a não ser trocar de roupa, descer para a sala de estar e deixar as borboletas em uma cadeira. Em vários momentos durante a noite (estávamos recebendo E. M. Forster e um funcionário da BBC [Ackerley]), eu olhava as borboletas, por cima daquelas cabeças, e pensava na diferença entre dois mundos. Devo dizer que foi muito criativo da sua parte. Apesar do meu ancestral puritano, não consigo lamentar e nem desaprovar. Então, o que fiz foi pendurar as borboletas acima do retrato dele, na

---

41 Lord Tweedsmuir foi governador geral do Canadá entre 1935 e 1940, era conhecido como John Buchan, romancista escocês. Virginia Woolf se refere à esposa deste, Susan Buchan. (N.E.)

escada, na esperança mística de que, de alguma maneira, possam todos se persuadir dos erros cometidos. Por enquanto, as borboletas estão levando a melhor.

Agradeça às senhoras misteriosas e disfarçadas, explique para elas o quanto fiquei atônita e inexpressiva, sem demonstrar algum tipo de hospitalidade costumeira. Conforme contei, elas desapareceram, e não havia cartão ou algo do tipo para que eu pudesse mandar meus agradecimentos.

Em agosto eu lhe escrevi uma longa carta sobre o PEN[42] e Buenos Aires, dizendo que me convidaram e ofereceram pagar as minhas despesas. Mas não posso falar sobre literatura, não é a linha que sigo, portanto não posso aceitar a generosidade deles, a qual, sem prova nenhuma, relaciono a você. De qualquer maneira, um dia eu irei. Só que você nem imagina o quanto estamos amarrados à Inglaterra: até mesmo ao nº 52, da Tavistock Square, seja pela Hogarth Press; pela política (agora são as eleições gerais); pela necessidade que tenho de terminar um romance corpulento e muito obstinado. Eu acho que já terminei, mas aí, como uma amoreira toda espinhosa, ele se volta contra o meu rosto, e tenho que recomeçar, cortando e aparando. Reitero que escrevi tudo isso na carta de agosto, mas fui interrompida. Depois, vi a carta repousando, achei horrível e joguei fora. Você não ia querer cartas escritas com essa garatuja, o que se deve em parte a uma caneta-tinteiro.

Talvez um dia você escreva. A mim você aparenta estar remota, afundada no tempo e espaço, aí, na vastidão (como vocês chamam?) das terras infinitas, azuis-acinzentadas, com gado sel-

---

42 Possível referência à Pen International, criada em Londres, em outubro de 1921, por Catharine Amy Dawson-Scott. A organização tem como objetivo fomentar a amizade e a cooperação intelectual entre escritores ao redor do globo. (N.E.BR)

vagem, capim dos pampas e borboletas? Toda vez que saio lá fora, esboço outro retrato da América do Sul: sem dúvida de que você ficaria surpresa se pudesse se ver na casa como eu a configuro. Está sempre um calor de assar. Tem uma mariposa pousada numa flor de prata, em plena luz do dia. Preciso me apressar para o almoço. Então, adeus.

Saudações,
V. W.

2 de maio [1936]
Monk's House, Rodmell, Lewes, [Sussex]

Querida Victoria,

Foi muito bom receber notícias suas, ainda mais de um lugar tão romântico em comparação com o nosso pequeno subúrbio rural, que dia após dia se transforma em uma nova casa de campo. Sinto muito não poder ir [para a Argentina] no verão, estive doente no último mês, Londres abarrotada de gente, reuniões políticas demais acontecendo em nossa casa, e eu sem força mental para resistir a um jantar fora. Por conta disso, só cama e dores de cabeça — o que é, para mim, uma forma costumeira de passar o tempo. Mas, agora, estou bem de novo. Tive que adiar (já que você perguntou) o meu livro até o outono, embora eu tenha receio de que seja muito ambicioso, enfadonho, extenso e desleixado — pois não faz meu gênero um livro muito longo — para valer a leitura de alguém. Entretanto, me ensinou muito sobre minha própria arte e limitações. Bom, chega de egoísmo. Espero que você esteja levando uma vida mais aventureira e emocionante. Espero que esteja fazendo novas amizades e descobrindo coisas novas para fazer barulho aí na América do Sul. Aqui, vivemos sob a sombra do desastre. Desconheço uma época tão agourenta. Até mesmo artistas se deprimem, definham e não conseguem seguir com o trabalho.

Estou muito feliz que você tenha editado *Um quarto*. Quero escrever muito mais livros, sobre vários assuntos. E você, está escrevendo? Dando palestras?

Perdoe estes rabiscos rápidos e fortuitos.

Virginia Woolf

SUR — DIRIGIDA POR VICTORIA OCAMPO
REVISTA MENSUAL — CALLE VIAMONTE N. 848 — BUENOS AIRES
DIRECCIÓN CABLEGRAFICA VICVIC BUENOS AIRES

16 de julho[43]

Minha querida Virginia,

Faz tempo que não tenho notícias suas e muito tempo também que não te escrevo, o que não me impediu de modo algum de pensar continuamente em você. Mas desta vez não me contentei em pensar sozinha, obriguei muita gente a me acompanhar. Veja como: dei uma conferência sobre você, sobre os seus livros.[44] Essa conferência durou uma hora e quarenta minutos... Como pode ver, eu não me fiz de rogada. E, para minha grande surpresa, tive êxito. O público ficou uma hora e quarenta minutos interessado no que eu lhe dizia! É o suficiente para se entusiasmar. Não se escutaram rangidos de cadeira e outros barulhos sinistros que depõem sobre a impaciência de um auditório.

Enfim, as coisas se passaram da melhor maneira possível! No dia seguinte a esse dia memorável, recebi seis ou sete convites para repetir seis ou sete vezes a conferência em lugares diversos, e quatrocentos exemplares de *Orlando* (que havia sido finalmente publicado) foram vendidos.[45]

---

[43] A carta parece ter sido datada em 1937 graças à referência que Victoria faz da sua recente conferência sobre Virginia, realizada em Amigos del Arte, em 7 de julho do mesmo ano. (N.T.)
[44] No final da carta, Ocampo transcreve um fragmento de sua conferência "Virginia, Orlando y Cía" [Virginia, Orlando e Cia] em francês, e termina a carta perguntando: "Você acha que está certo, Virginia?". O texto pode ser encontrado em V. Ocampo, *Testimonios*. *Segunda serie (1937-1940)*, Buenos Aires: Sur, 1941. pp. 50-51 (N.E.)
[45] A editora Sur publicou *Orlando* em julho de 1937, com tradução de Jorge Luis Borges. (N.T.)

Minha conferência tem, mais ou menos, sessenta páginas. Uma ou duas são boas, e estou feliz com elas. É bastante coisa, não é? Você gostaria de ler? Se "sim" eu te enviarei alguns fragmentos em francês (aqueles com os quais não estou tão insatisfeita). Enquanto espero, me dê notícia.

Eu irei a Paris no mês de outubro.[46] Stravinsky quer que eu faça *Perséphone*[47] (o poema de André Gide que ele musicou) ao vivo, com ele, no novo teatro do Trocadéro. Se tiver algum jeito de ensaiar *Perséphone* em Londres, me ajudaria muito. Mas, mesmo sem Perséphone, eu irei a Londres, principalmente se você estiver por lá e permitir que eu toque a campainha do número 52 da Tavistock Square.

Mergulhei nos teus livros nas últimas semanas. Isso quer dizer o quanto você está viva em mim neste momento e o quanto eu te admiro.

Com amor,
Victoria

P.S: *Sur* escreveu para Hogarth Press para os direitos da tradução de *Ao farol*.[48]

---

46 Essa viagem não aconteceu. Victoria voltou para Paris em abril do ano seguinte. (N.T.)
47 Melodrama musical de Igor Stravinsky que estreou em Paris em 30 de abril de 1934. Sua primeira representação em Buenos Aires aconteceu em 1936, com Victoria Ocampo como recitante, e ela voltou a desempenhar este papel em Florença, em maio de 1939. (N.T.)
48 *Ao farol* foi publicado pela editora Sur em 1938, com tradução de Antonio Marichalar. (N.T.)

Fac-símile do original da carta de Victoria Ocampo a Virginia Woolf, de 16 de julho de 1937. Ver p. 67-68.

SUR DIRIGIDA POR VICTORIA OCAMPO
REVISTA MENSUAL . CALLE VIAMONTE N. 548 . BUENOS AIRES
DIRECCION CABLEGRAFICA: VICVIC-BAIRES

autres traits sinistres qui témoignent
de l'impatience d'un auditoire.
Enfin, les choses se sont passées de
la meilleure façon du monde.
Le lendemain de cette mémorable
journée, j'ai reçu 6 ou 7 invita-
tions pour répéter 6 ou 7 fois
ma conférence à divers endroits
~~ou~~ Les 400 exemplaires d'Orlando
(qui venait enfin de paraître) ont
été vendus.

Ma conférence a, à peu près, 60
pages. Il y en a 2 qui sont
~~bien~~ et dont je suis contente.
C'est énorme, n'est-ce pas?
Avez vous envie de la lire?
Si "oui" je vous ferai parvenir
quelques fragments (ceux dont
je ne suis pas trop mécontente)
en français.

En attendant, envoyez moi un
mot.
J'irai à Paris au mois d'Octobre.

SUR DIRIGIDA POR VICTORIA OCAMPO
REVISTA MENSUAL . CALLE VIAMONTE N. 548 . BUENOS AIRES
DIRECCION CABLEGRAFICA: VICVIC-BAIRES

Stravinsky veut que je passe Perséphone (le poème d'André Gide qu'il a mis en musique), en concert, avec lui, au nouveau Théâtre du Trocadéro. S'il y avait moyen de répéter Perséphone à Londres cela ferait bien mon affaire. Mais même sans Perséphone j'irai à Londres, surtout si vous y êtes et si vous me permettez d'aller sonner au 52 de Tavistock Square.

J'ai vécu plongée dans vos livres ces dernières semaines.

C'est vous dire combien vous êtes vivante en moi en ce moment et combien je vous admire

dove pour

Victoria

P.S. "Sur" écrit à la "Hogarth Press" pour les droits de traduction de "To the Lighthouse"

2 de setembro, 1937
Monk's House, Rodmell, Lewes, Sussex

Minha querida Victoria,

Eu deveria ter respondido à sua carta antes, mas você entenderá que era impossível pois eu havia acabado de receber a notícia da morte de meu sobrinho na Espanha. Ele foi assassinado dirigindo uma ambulância perto de Madri, minha irmã adoeceu, e acabei cuidando dela, sem conseguir pensar em outras coisas. Foi uma perda atroz, como você pode imaginar. Estou furiosa com esse desperdício de vida.

Agora, no entanto, vou responder à sua carta. Obviamente estou honrada, lisonjeada e encantada com o fato de a sua longa palestra manter o público interessado, por mais que essa honra seja dividida entre nós duas.

Desconfio que você seja uma dessas pessoas — quase inéditas na Inglaterra — que dão uma palestra empolgante. Seria o sangue latino? Eu prefiro ficar sentada em um porão ou observar aranhas a ouvir uma palestra de um homem inglês. Com certeza gostaria de ler a sua fala se você tiver uma cópia escrita dela. Fico aqui, em Monk's House, até outubro. Apesar de terem me dito que os *Orlandos* chegaram, ainda não os vi. Quanto ao seu excerto sobre *Orlando*, está muito bom: na verdade, o meu francês é muito irregular para fazer uma comparação com o inglês.

As suas borboletas (lembra-se da noite em que duas senhoras misteriosas me visitaram trazendo borboletas? Não, mas eu lembro) estão penduradas na porta, em Tavistock Square, ao lado do retrato do meu antepassado puritano, aquele que não aceitava presentes.

Venha, se estiver em Londres, na carruagem branca [carro] e perdoe esta carta atrasada e um tanto ilegível. Nesta manhã minha pena está igual a um rastelo.

Sua, Virginia Woolf

27 de setembro, 1938
T.[avistock] S.[quare], nº 52, w.c.1

Querida Victoria,

Eu vim passar o dia em Londres e encontrei sua carta. Estamos voltando para o campo, em Monk's House, Rodmell, Lewes, Sussex. Não sei se voltaremos na próxima semana — isso depende desse maldito Hitler. Porém, se eu puder fazer qualquer coisa para ajudar a sua irmã, me escreva. Tem sido tão tumultuoso que hoje não tenho tempo para mais nada. Vamos nos encontrar se possível e perdoe este rabisco. Estou de saída.

Sua, Virginia Woolf

4 de outubro, 1938
Monk's House, Rodmell, Lewes, Sussex

Acabei de receber o seu telegrama e escrevo, apressadamente para alcançar o carteiro, para dizer que estarei em Londres depois do dia 16 e espero vê-la. Tenho minhas dúvidas se estarei de pé uma ou duas horas antes. Avise-me no endereço acima.

V. W.

7 de outubro, 1938
Monk's House, Rodmell, Lewes, Sussex

Querida Victoria,

Que má sorte! Eu esperava que esse Acordo de Paz [de Munique] permitisse que você ficasse em Londres. Estou tentando trabalhar e preciso ficar, salvo por um dia, até a próxima semana. Me avise, quando puder, qual será a próxima chance de nos encontrarmos. Nesse meio tempo: V. Sackville West sempre está no campo. O endereço dela é o Castelo de Sissinghurst, Kent. Se você escrever, ela irá comentar sobre traduções. Eu sugiro o *Pepita*. Vou pensar sobre outros livros que possam te interessar, me mande seu endereço. É inútil tentar enfiar nesta folha, com esta caneta rígida, tudo que quero perguntar e saber. Suas borboletas estão penduradas na porta da frente — sempre radiantes, asas esticadas, voando como você; porém presas, nisso, vocês diferem.

Sua, Virginia Woolf

12 janeiro, 1939
Monk's House, Rodmell, Lewes, Sussex

Querida Victoria,

Não, neste momento não estou em Londres, mas devo estar na próxima semana e espero ficar por lá, com ausências ocasionais, até a primavera, quando, se não houver guerra, iremos de carro para a França. Me avise, a partir deste esboço vago, qual a chance de nos encontrarmos. Obrigada por oferecer um quarto em Paris — se eu puder, irei de bom grado.

Sobre a V. Sackville West, ela me disse que estava palestrando em Paris, não sei quando. Mas o melhor plano é escrever diretamente para ela: Castelo de Sissinghurst, Kent. Vou explicar a ela — e espero que ela já saiba — sobre você, o que é a *Sur*, aí vocês podem se encontrar em Paris. *À bientôt*.

Virginia Woolf

30 de maio, 1939
Monk's House, Rodmell, Lewes, Sussex

Querida Victoria,

Isso sempre acontece! Vou para a França esta semana, justamente quando você chega à Inglaterra. Mas devo estar de volta lá pelo dia 16 de junho — aqui ou em Londres. Escreva para Tavistock Square, e vamos torcer para que possamos marcar um encontro. Voando de novo! Como você viaja mundo afora!

Sua,
Virginia Woolf

20 de junho, 1939
Monk's House, Rodmell, Sussex
Cartão-postal[49]

Querida Victoria,

Voltei da França esta manhã e encontrei seu bilhete. Devo estar de volta na Tavistock Square, 52, na sexta-feira, mas temo que seja tarde demais. Valha-me, que oportunidade perdida!
Você recebeu a minha carta? Estivemos na Bretanha e enviamos algumas.

Esta é a casa em que moro agora, tenho um escritório no jardim.

Virginia

---

[49] No cartão-postal, Virginia risca o nome do Leonard e coloca o seu, conforme é possível observar no fac-símile. (N.E.BR)

Cartão-postal e fotografia original [página anterior] de Virginia Woolf a Victoria Ocampo, de 20 de junho de 1939.

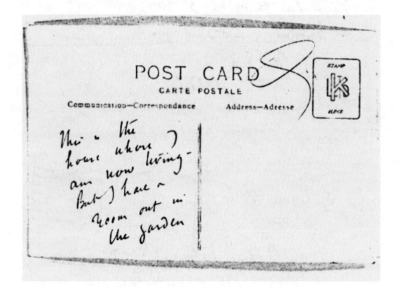

Cartão-postal de Virginia Woolf a Victoria Ocampo, de 23 de junho de 1939. "Poderia me encontrar com você às 17h30 amanhã, se você puder. Basta bater. V. W."

26 de junho, 1939
Tavistock Square, n° 52, w.c.1

Querida Victoria,

Sinto muito que tenha ficado aborrecida no outro dia, achando que eu não queria vê-la. É absolutamente verdade que eu fiquei chateada. Várias vezes eu já recusei ser fotografada. Em duas dessas inventei desculpas para não posar para a madame Freund. Então você aparece com ela, sem me avisar, e isso me convenceu de que você sabia que eu não queria posar, e estava me pressionando. E, de fato, estava. É difícil ser rude com as pessoas em sua própria casa, então eu fui fotografada, contra a minha vontade, pelo menos quarenta vezes, o que me irritou. Mas o que mais me chateou foram todas as chances perdidas de conversar com você. Você irá concordar que isso é prova do quanto eu queria vê-la. Não haverá outra chance até Deus sabe quando, e Ele também sabe o propósito dessas fotos. Eu não sei. O que me chateia muitíssimo.

Desculpe a minha franqueza, mas, se você é honesta, eu também sou.

Sua,
Virginia Woolf

20 de maio, 1940[50]
Monk's House, Rodmell, Lewes, Sussex

Querida Victoria,

Eu sei que lhe devo uma carta ou ainda um pedido de desculpas. Suponho ser esse o motivo de eu ter adiado a escrita. Agora, tudo parece muito distante — a sua visita e a sessão de fotos em que me comportei de maneira tão insolente. Perdi o endereço da *senora*[51] Giselle e até mesmo o seu sobrenome. Caso você a encontre em algum momento, por favor, explique que eu a teria convidado para vir, não fosse a guerra; que o meu desagrado em permitir fotos minhas coloridas se deve a um complexo antigo. Eu detesto a imposição da presença, da personalidade de quem escreve acima de sua obra. Mas chega disso: meu comportamento naquele dia foi baseado na convicção de que você sabia do meu desagrado, o que não foi o caso. Então eu perdoo você. Se Londres ainda existir e estivermos vivas, na próxima vez que vier para a Inglaterra, venha me visitar na nova casa — se não for bombardeada —, no número 37 da Mecklenburgh Square. Até mesmo aqui, perto da costa, os alemães podem chegar. Mas, eu não tenho nada de diferente para contar, além do que se pode ler nos jornais. É apenas para

---

50 Esta última carta foi publicada e traduzida no número 347 (julho-dezembro de 1980) da revista *Sur*. Não foi incluída em *The Letters of Virginia Woolf* [As cartas de Virginia Woolf]. Apresentamos aqui uma nova tradução, tanto para espanhol quanto para o português brasileiro. (N.E.BR)

51 Virginia Woolf usa o termo em espanhol, mas com a grafia errada de *señora*. (N.T.BR)

pedir desculpas, dizer muito obrigada e mandar o meu afeto para o outro lado do oceano.

Sua,
Virginia Woolf

Monks House Rodmell Lewes Sussex.
20th May 1940

Dear Victoria,

I know I owe you a letter, and I rather think an apology; thats, I suppose why I have put off writing for so long. And now it seems so far in the past--your visit, and the picture making, about which I was so surly. I have lost Madame Giselle's address, and even her name. But should you ever be in touch with her, please explain that I would have asked her to come, had it not been for the war; and that my dislike of being colour photographed rests upon some ancient complex; I hate the personality, the appearance of the writer being pushed forward in front of the work. But enough: my bad manners that day were based on the belief that you knew of my dislike; which you didnt; and so you are adsolved; and if London still stands, and we still live, next time you come to England come and see me in our new flat--if it remains unbombed-- 37 Mecklenburgh Square. Even here, close to the coast, the Germans may may be over. But I wont write what you will read in ever paper. This is merely to apologise; to thank; and to send my love across the ocean.

Yours

Virginia Woolf

Fac-símile do original da carta de Virginia Woolf para Victoria Ocampo de 5 de dezembro de 1934. Ver página 45.

A seguinte versão datilografada foi incluída no final porque se trata, cronologicamente, de um texto posterior. Na explicação manuscrita por Victoria Ocampo que antecede o texto datilografado se lê: "Carta de Victoria Ocampo a Virginia Woolf, guardada com outros papéis da escritora inglesa em Sussex. Foi fotocopiada por Doris Meyer (professora de espanhol na Universidade de Nova York)". Isso permite deduzir que esta tradução (realizada por Ocampo a partir de duas cartas separadas, escritas em francês e inglês, ainda que ela registre apenas "traduzido do inglês") data do final dos anos 1970, quando Doris Meyer a visitou e entrevistou. Como resultado desses encontros, a professora publicou a biografia de Victoria Ocampo *Against the Wind and the Tide* [Contra o vento e a maré] (1979). Como pode ser verificado neste volume (cf. p. 35 e p. 46), nesta versão datilografada Ocampo traduz conjuntamente duas cartas diferentes e sucessivas, a de quarta-feira, 5 de dezembro de 1934, e a de terça-feira, 11 de dezembro de 1934. (N.E.)

Victoria Ocampo a Virginia Woolf.

nandnana New Clarges Hotel   Este miércoles
Halfmoon Street . Piccadilly   (1934)
London W.1.

Traducida del inglés /

Querida Virginia:
     Creo que me quedaré en Londres hasta la semana próxima, a pesar de que he recibido una carta de Madrid. Me están esperando. Van a publicarme un libro este mismo mes [Revista de Occidente. Primer tomo de TESTIMONIOS]. Pero como si me fuera enseguida no podría ya volver a Londres, prefiero postergar mi viaje. Todo cuanto pueda.
     Desde luego, sé muy bien que hay aquí cantidad de personas con quienes sería interesante hablar. Lo mismo pasa en París. Pero pocas (por lo menos en París, donde conozco a todos los escritores, o casi, que valen la pena conocer) me interesan como usted o como Malraux. Quiero decir de una manera vital. Pocas me dan ese elemento que me es tan necesario.
     Por favor, Virginia, no se figure que trato de adularla. Cuando usted mencionó ayer a K. Mansfield y yo dije que no se la podía comparar a ella con usted (tal como la veo) es porque a pesar de ser yo sensible a su encanto, significa poco para mí en cierto sentido. No me gusta comer y sentirme alimentada. Bajo este aspecto, soy voraz. Y no me da vergüenza tener hambre. ¿No cree usted que el amor es nuestra hambre de amor (amor con mayúscula)?
     Nuestra hambre es algo muy importante. Las cosas sólo existen para nosotros cuando y porque tenemos hambre de ellas. El secreto de un Picasso es que tiene hambre de pintura. Un hambre de ogro. Por eso dice: "No busco, encuentro". Su hambre habla al decirlo.

-2-

En Europa (Francia Italia, España) me inquieta una especie de apetito disminuido. *inapetencia* Entre nosotros, el apetito existe pero falta el alimento todavía. Y llegamos aquí famélicos.

Ay! tendría tanta cosa que contarle y tanta que preguntarle.

....

Tengo la impresión de no haberle dicho nada de lo que me proponía decirle. Me parecía, más que nunca, que estabamos en el andén de una estación, cinco minutos antes de la partida de un tren, o bien - cosa más *detestable* - en una dársena, frente a un transatlántico. Esas dársenas que tanto me habrán hecho sufrir. Es un perpétuo arrancarse de un suelo, de unas personas. El Atlántico es mi pesadilla. ¿Cómo hacer, Virginia, para pegar la costa de Europa a la de América.¿Cómo hacer para que *desaparezca* el océano que nos separa? O¿cómo hacer para no sentirse descuartizada entre dos continentes? ¿Cómo hacer para *curarnos de* tantas nostalgias?

Si yo pudiese por lo menos contar esta historia me libraría en parte de ella. Pero cómo contarla, de qué modo, bajo qué forma? Eso es lo que no veo claro.

Es como si mi corazón pudiera soportar unicamente el clima de América, mientras que mi inteligencia no soporta sino el clima de Europa. Para decir esto me faltan palabras, pues las palabras que necesito "ne sont pas dans le Littré" como *subrayaría asombrada* Anna de Noailles.

Si alguien en el mundo puede darme valor y esperanza para seguir adelante, es usted. Usted por ser quien es y pensar como piensa. *Perdone a Eugen Carmen.*

Sería una ingratitud de mi parte no reconocer que me han animado a escribirme. Tengo amigos (hombres) que me creen dotada...y que *lo proclaman hasta* lo escriben. Pero esas declaraciones han topado siempre con mi incredulidad...Los hombres juzgan siempre (o casi) a una mujer de acuerdo con las reacciones que experimentan ante ella. Sobretodo si

-3-

y la sobra juventud

no es contrahecha, si no tiene una cara desagradable. Es una fatalidad, especialmente entre los latinos. No pueden, por consiguiente, ofrecer una seria garantía juicios asentados en un tembladeral. (Hay excepciones) *entre nosotras*

Virginia, no permita que caiga el filo de la guillotina, *entre nosotras* cuando me vaya Me sentiría empobrecida, despojada para el resto de mi vida. No son meras palabras, es la verdad. Entre nosotras dos, no soy yo la que puede dar, usted lo sabe de sobra.

Siembro

Que no sean todas estas palabras que tiro entre nosotras como las migajas que tiraba Pulgarcito en su camino, para reconocerlo y no perderse. *a su regreso* Que a estas palabras no se las coman los pajaritos ...que no desaparezcan al caer el filo de la guillotina: la ausencia.

Dígame, Virginia, puedo escribirle sin temer la misma suerte (con el genio en menos) de Proust cuando hace años le escribía a Anna de Noailles (1

Victoria

(1). La condesa de Noailles me contó que cuando era joven recibía amenudo cartas de Proust. Las guardaba en un cajón sin leerlas. Estaba en otra cosa. "Ahora - me dijo, en 1929 - estoy haciendo copiar todas esas cartas por mi secretaria, de modo que recibo, cada mañana, una carta de Proust".
Proust ya había muerto.

Virginia Woolf
em seu diário

A VERA MAKAROW,
que um dia me perguntou
como era Virginia Woolf.
Esta é a resposta.

A chaque minute nous sommes écrasés par l'idée et la sensation du temps. Et il n'y a que deux moyens pour échapper à ce cauchemar, pour l'oublier: le plaisir ou le travail... Choisissons.[1]

— BAUDELAIRE

She felt as if she were standing on the edge of a precipice with her hair blown back; she was about to grasp something that just evaded her. There must be another life, here and now...[2]

— VIRGINIA WOOLF

Nous vivons sur de notion très grossières, qui d'ailleurs vivent de nous. Ce que nous savons, nous le savons par l'operation de ce que nous ne savons pas.[3]

— PAUL VALÉRY

---

[1] "Somos, a cada momento, atropelados pela ideia e pela sensação do tempo. E só há dois meios de escapar desse pesadelo, de esquecê-lo: o prazer e o trabalho. [...] Escolhamos." Charles Baudelaire, *Meu coração desnudado*, trad. Tomaz Tadeu, São Paulo: Autêntica, 2009. (N.T.BR)

[2] "Sentia como se estivesse à beira de um precipício, o cabelo batido pelo vento, jogado para trás... Estava prestes a alcançar alguma coisa que por um átimo lhe fugia. Tem de haver uma outra vida aqui e agora [...]". V. Woolf, *Os anos*, trad. Raul de Sá Barbosa, São Paulo: Novo Século, 1982. (N.T.BR)

[3] "Vivemos de noções muito grosseiras, que, aliás, vivem de nós. O que sabemos, sabemos pela operação do que não sabemos." Paul Valéry, *Propos sur l'Intelligence* [Observações sobre a Inteligência], Paris: Éditions Gallimard, 1931. (N.T.BR)

UM DIÁRIO EXPURGADO[4]

Dos 26 volumes que formam a totalidade dos *Diários*[5] de Virginia Woolf, seu marido e admirador (as duas coisas, infelizmente, nem sempre andam juntas) compilou um livro de 375 páginas, publicado pela Hogarth Press, editora fundada pelo casal, com o título *A Writer's Diary* [Diário de uma escritora]. Esse título é uma advertência. Nada do que se refere ao ofício da pessoa que escreve, suas esperanças e decepções, a expectativa ansiosa da crítica, o sentimento de conquista ou de dúvida, o gozo e os tormentos da palavra escrita, parece ter sido suprimido. [Escrito pela] trabalhadora implacável até adoecer, na luta com um corpo frágil, o *Diário* transmite, antes de mais nada, que a arte de escrever foi a essência de uma vida dedicada a tornar tudo, quase que inconscientemente, matéria literária. Para aqueles

---

4 Nesta edição, optou-se pelo uso da palavra "expurgado", que, segundo o dicionário *Michaelis*, refere-se ao "que se livrou de erros ou de impurezas". Entende-se, aqui, que ela dá conta do tom que Victoria usa para se referir ao ofício do Leonard de "limpar" o diário da esposa. (N.T.BR)

5 Os diários de Virginia Woolf só foram publicados, em inglês e na íntegra, no final da década de 1980. No Brasil, só começaram a ser publicados, também na íntegra, a partir de 2021, pelas editoras Rocco e Nós. Antes, é possível encontrar excertos traduzidos em duas edições: uma de 1989, pela Companhia das Letras, e outra de 2021, pela editora Rocco. *Os diários de Virginia Woolf*, trad. José Antônio Arantes, São Paulo: Companhia das Letras, 1989; *Os diários de Virginia Woolf: uma seleção [1897-1941]*, trad. Angélica Freitas, Rio de Janeiro: Rocco, 2021; *Os diários de Virginia Woolf — volume 2: Diário 2 (1919-1923)*, trad. Ana Carolina Mesquita, São Paulo: Nós, 2021; *Os diários de Virgínia Woolf — volume 3: Diário 3 (1924-1930)*, trad. Ana Carolina Mesquita, São Paulo: Nós, 2021. (N.T.BR)

que conheceram Virginia Woolf, essa não é uma novidade, pois acredito que alguma vez lhes terá dito, como me disse na sua *living room*[6] da Tavistock Square, com paredes decoradas com os arabescos de Vanessa Bell, sua irmã e amiga (também não é imperativo que essas duas coisas andem juntas): minha vida é escrever. Mas o que eu ignorava, e talvez outras pessoas também ignorem, é que ela colocava em prática, com uma energia brutal, o conselho de Boileau:

> [...] *Vingt fois sur le* métier *remettez votre ouvrage, Polissez-le sans cesse et le repolissez...*[7]

No entanto, ao lê-la, eu percebi isso. Tanta desenvoltura e maestria no *ofício* não pode ser alcançada apenas pelo caminho fácil do talento natural, mas sim com muita paciência.

Além de sua posição, de suas preocupações, de suas teorias artísticas — que receberam protagonismo nas páginas escolhidas —, Leonard Woolf conservou passagens sobre acontecimentos e pessoas "porque dão uma ideia do impacto direto" que exerceram sobre a mente de Virginia. Ele achou que seria interessante mostrar como aquela matéria bruta se transmutava em suas criações. Também há comentários sobre suas leituras

---

6 Victoria Ocampo faz uso de vários termos em inglês e francês, e optamos por deixar essa marca, traduzindo alguns termos entre colchetes, que mostram a sua desenvoltura — de pessoa que passou pela educação em várias línguas, em especial as duas citadas — como crítica literária e cultural. Vale a pena salientar que o uso de estrangeirismos no ensaio colabora para a inserção de Ocampo como intelectual naquela época e naquele contexto, mostrando como ela estava a par de outros cenários fora da América Latina. (N.T.BR)

7 "Reponha sua obra vinte vezes sobre a mesa de trabalho: retoque-a e torne a poli-la sem descanso." Nicolas Boileau-Despréaux, *A arte poética*, trad. Célia Berrettini, São Paulo: Perspectiva, 1979.

e amizades. As omissões não foram marcadas com reticências para não tornar a leitura uma corrida de obstáculos, teriam tomado conta do caminho. Essa preocupação incomoda, pois o leitor tropeça a cada instante em barreiras ainda mais evidentes a um olhar sensível porque foram escamoteadas, ficando apenas latentes, como uma doença que manifesta um leve mal-estar como seu único sintoma.

O perigo que corre todo texto expurgado — no que se refere à unidade e à *semelhança* — não passa despercebido a Leonard Woolf e o preocupa. "As omissões quase sempre deformam ou ocultam o verdadeiro caráter de quem escreve um diário...". Virginia lhe entregou esse *Diário* sabendo de antemão que as mutilações seriam necessárias "para proteger os sentimentos e a reputação das pessoas vivas". O fato é que na Inglaterra não se brinca com essas coisas, e os vivos têm direito a um tipo de respeito que não se estende aos mortos. Esse ponto de vista me choca um pouco, porque se um vivo é menos indiferente à opinião pública que um morto, acaba tendo mais armas para se defender. E se é impossível ferir um morto, certamente é possível deteriorar a sua imagem. A ideia de uma publicação postergada de um diário — de memórias, essas bombas-relógio que ninguém se atreve a lançar ao público em vida ou enquanto vivem as pessoas aludidas nele — não deixou de me inquietar quando pensei sobre o assunto. Isso é jogar limpo? A arte verdadeira não consistiria em conseguir dizer tudo de tal maneira, ou com tal nível, que ninguém poderia questionar o dito por motivos óbvios? Por acaso Virginia Woolf não aponta que a visão de uma coisa, de um ser, quanto mais complexo, menos se presta à sátira? Nem Shakespeare nem Dostoiévski fazem sátira, ela complementa.

Com certeza seria difícil escrever um diário, ou memórias, sem lançar alguns dardos, sobretudo quando se está excepcionalmente preparado *pour les lancer d'une main sûre*.[8] Por exemplo, a descrição que Virginia faz de Lady Cunard[9] (que já não está aqui para se irritar) é: "Uma mulherzinha ridícula com cara de papagaio", com quem toma café na sua pomposa casa de Londres. No entanto, o *tête à tête* não cria o tipo de ambiente adequado àquela mulher de negócios, àquela mundana. "É astuta demais para se divertir e precisa da sociedade para se sentir atrevida e desatinar, o que é a sua peculiaridade." Nunca me senti tão fora de lugar e imobilizada — com essa espécie de paralisia custosa que produzem certos almoços *mundanos* nos quais o único vínculo entre os presentes é a fofoca local, política ou de outra natureza — como em um dia na casa dessa senhora, para onde fui amavelmente convidada para me encontrar com os Sittwells (que não estavam). Compreendo, então, por que Virginia, cansada, sentiu a necessidade de registrar em seu *Diário* que, na volta da visita, caminhando pela bruma e pelo frio de Londres, experimentou a alegria de poder bater em portas nas quais com certeza encontraria pessoas vivas, reais, "cujo pensamento começaria a vibrar": Vanessa, Roger Fry, Duncan Grant... Como poderia fugir da conclusão a seguir, a não ser que observasse os preceitos cristãos — como o do amor ao próximo —, que somente as santidades são capazes de praticar e para os quais os artistas, precisamente por causa do ofício, geralmente são incapazes: "Esses Cunards e Colefaxes são vulgares, comuns e chatos, por mais surpreendente que seja a sua competência no comércio da vida!"

Virginia Woolf tinha observado, com a sua habitual elegância, que os diários, mesmo os não expurgados, podem apresen-

---

8 "Para lançá-los com pulso firme." (N.T.)
9 Lady (Emerald) Cunard (1872-1945), nascida nos Estados Unidos, era viúva de Sir Bache Cunard (barão). Foi uma proeminente anfitriã e mecenas das artes em Londres. (N.E.)

tar uma imagem distorcida de quem os escreveu, por uma razão simples: você se acostuma, diz ela, a fazer os registros preferencialmente sob alguns estados anímicos peculiares, suponhamos, a irritação ou a depressão, e a não escrever o diário sob a influência de outros estados. Assim, a semelhança já sofre uma primeira alteração. Que se agrava (quem fala agora é Leonard Woolf) com a supressão de outras características e, então, já não existe uma semelhança, mas sim uma caricatura.

O caso do *Diário de uma escritora* não chega a esse ponto. No entanto, não foram poucos os críticos que se surpreenderam, com certa maldade, com o lugar que ocupa nessa obra, por exemplo, a obsessão pelo comentário sobre a imprensa, uma vez que a autora não parece sentir um particular apreço por alguns dos comentaristas. Para mim, essa contradição é muito humana. E desafio as pessoas que escrevem, inclusive quem se sente mais seguro, a atirar a primeira pedra. O que há de devastador no ofício das letras, dizia um pensador citado no *Diário*, é depender tanto do elogio.

George Eliot nunca lia as resenhas dos seus livros com medo de que a inibissem de continuar escrevendo do jeito que lhe parecesse melhor. E Valéry advertia ao artista: o que vão criticar em você é "você em pessoa".

A contradição que acabo de destacar, felizmente, não é a única pela qual Virginia Woolf pode ser acusada. Digo felizmente porque essa fragilidade humaniza uma mulher que às vezes aparece no seu *Diário*, expurgado, não podemos esquecer, quase desumanizada.

Antes de começar estas notas sobre seu livro póstumo, tive o cuidado de reler as 25 cartas que recebi dela: a primeira de novembro de 1934 e a última de maio de 1940. Devo ter escrito para ela um dia, incomodada pelo seu silêncio prolongado. Ela respondeu (e, hoje, isso soa para mim como uma advertência): "... estou horrorizada em pensar que minha repugnância extrema de escrever cartas tenha feito que, por um momento, você me achasse uma pessoa fria... Por favor, nunca, nunca pense que sou fria porque não escrevo! Às vezes me sinto tão cansada de escrever..."[10]

Imagino que agora ela me diria o mesmo sobre o seu *Diário*. "Nunca, nunca pense que sou fria", apesar disso e daquilo. Mesmo com este registro, por exemplo: "Raramente tomada de amor pela humanidade, às vezes me compadeço dos pobres que não leem Shakespeare." Aqui, a palavra pobre inclui os ricos, pois não costumamos vê-los dedicados a esse tipo de leitura (falo dos "ricos" entre aspas, isto é, daqueles cuja importância depende unicamente do talão de cheques; os que se limitam à sua "surpreendente competência no comércio da vida"). Shakespeare foi o grande amor de Virginia Woolf.

Mas voltemos para as contradições. No prefácio de *Mrs. Dalloway*[11] destaca:

> Nada é mais fascinante do que procurar, ou ver revelada, a verdade (e por verdade aqui se entende o que se relaciona com a verdadeira vida, com a personalidade de quem escreve) que se oculta atrás *destas imensas fachadas da ficção*. ...Os livros são flores ou frutas penduradas, aqui e ali, numa árvore que tem suas raízes profundamente plantadas no solo de nossa mais remota vida, no solo de nossas primeiras experiências. Mas, de novo, contar aqui ao leitor qualquer coisa que sua própria imaginação e perspicácia

---

[10] Todas as traduções de cartas, romances e diários de Virginia Woolf, neste ensaio especificamente, foram feitas partindo do espanhol, respeitando as leituras de Victoria Ocampo em seu tempo e espaço de produção. (N.T.BR)

[11] V. Woolf, *Mrs. Dalloway*, trad. Thais Paiva e Stephanie Fernandes, Rio de Janeiro: Antofágica, 2022.

já não descobriram exigiria não uma página ou duas de prefácio, mas um volume ou dois de autobiografia...

É por isso, eu pensava ao ler essas observações tão certeiras, que as leituras de autobiografias, mesmo das piores, podem ser envolventes. Em uma carta de 1934, Virginia Woolf me aconselhava a escrever a minha própria autobiografia. "Foram pouquíssimas as mulheres que escreveram autobiografias honestas. É meu gênero favorito de leitura."[12] Quanto a si mesma, revisa o seu *Diário* com uma espécie de "intensidade culpada". E, quando decide publicar uma obra em que colocou muito de si, ainda que de maneira indireta (*Três guinéus*),[13] nos confessa no *Diário* a sua inquietação... "Tenho medo da autobiografia publicada". Em 1924, escreve: "Fiquei impressionada ao ler algumas das minhas anotações aqui [no *Diário*] porque se a gente deixa que a mente corra solta, acaba se tornandoególatra: pessoal, coisa que eu detesto". Em uma carta (a última, de 20 de maio de 1940), a propósito de algumas fotografias para as quais eu — ela afirmava — tinha a obrigado posar (não me arrependo, são muito bonitas), ela diz: "Odeio que a personalidade, que a aparência do escritor seja colocada em primeiro plano, antepondo-se à sua obra". No entanto, os seus melhores romances (para os quais seria necessário procurar outra denominação, quem sabe "poemas psicológicos", como propõe seu marido), *Ao farol* e *As ondas*, são, de forma manifestada, violentamente autobiográficos. Não seria preciso que ela confirmasse isso em seu *Diário*, mas o faz em 28 de novembro de 1928.

---

12 Tradução do inglês ao espanhol por Victoria Ocampo e ao português por Nylcéa Thereza de Siqueira Pedra. Neste livro aparece a carta completa com tradução direta do inglês de Emanuela Siqueira. Ver página 53. (N.E.BR)
13 V. Woolf, *Três guinéus*, trad. Tomaz Tadeu, São Paulo: Autêntica: 2019.

É o dia do aniversário de Sir Leslie Stephen (morto), e ela reflete que ele completaria 96 anos. Se ele tivesse chegado àquela idade, o que teria sido da carreira literária de sua filha Virginia? "*No writing, no books: inconceivable*".[14] Aqui o leitor fica perplexo. Gostaria de saber mais. Gostaria de saber por quê. A omissão é flagrante. O que há por trás dessa reflexão?

SIR LESLIE STEPHEN

Para poder explicar melhor as reações da filha, é indispensável apresentar alguns detalhes, examinar um pouco do seu *background*, voltar até a tradição de pensamento e moral do seu pai.

Quem era esse Leslie Stephen, grande amigo de Meredith? Teve um primeiro casamento com Minnie, filha de Thackeray. Passados poucos anos, ficou viúvo. E um dia descobriu, acho que caminhando pela rua, que tinha se apaixonado por uma mulher bonita, viúva e com filhos, como ele. Graças a essa descoberta, Vanessa e Virginia chegaram ao mundo, pois, mal descoberto esse amor, sem perder tempo, pediu a mão de Julia Duckworth (Jackson, de nascimento) em casamento. Ela não demorou muito em aceitar.

Segundo o seu biógrafo Noël Annan,[15] Stephen não era propriamente um filósofo, mas um historiador do pensamento. No entanto, não nos interessa investigar aqui o lugar que ocu-

---

14 "Nada de escrita, nenhum livro: inconcebível." (N.T.BR)
15 Noël Annan (1916-2000) publicou *Leslie Stephen: His Thought and Character in Relation to His Time* (MacGibbon & Kee), em 1951. (N.T.BR)

pou, ou que ocupa, nas letras inglesas, mas o papel que desempenhou em sua família: o efeito do seu caráter e dos seus princípios em seus filhos.

As suas virtudes foram, indiscutivelmente, sólidas e dignas de respeito, assim como foram insuportáveis as suas manias. Representava uma tradição que morreu com ele e que tinha seu lado bom e ruim. Seus amigos, que viam apenas uma face do seu caráter, o consideravam extremamente leal e também *the most lovable of men*.[16] Mas, perante a sua família, que também o amava, mostrava-se uma espécie de *pater familias* irritante, tirano cotidiano, por mais *lovable* que fosse. Inocentemente egoísta, usurpador de poderes, como todos os grandes ou pequenos tiranos; hipersensível no que lhe cabia e insensível aos sentimentos alheios, a pura ideia do sofrimento (do seu, naturalmente) o exasperava. Recusou-se a ir ao hospital durante toda a vida. E a palavra dentista não podia ser pronunciada na sua presença. Por outro lado, esforçava-se continuamente em corrigir a sua natureza, sua hipersensibilidade (praticou alpinismo, inclusive), mas só conseguia redobrar a sua impermeabilidade em relação ao próximo. O senhor Ramsay de *Ao farol*, retrato que a filha deixou do pai, é totalmente insensível "aos sentimentos daqueles que estão mais perto dele". Moralista de primeiro escalão, revelava-se em casa, com uma espantosa candura masculina e um egoísmo implacável. Sua mulher, a quem adorava com sinceridade, deveria dispor toda a sua vida a serviço dele, representando no casamento um duplo papel de enfermeira, moralmente falando, e de madona. Ela cumpria essa missão com graça e devoção, que pareciam naturais e justas a seu marido, uma vez que

---

16 "O mais amável dos homens." (N.T.)

ele acreditava ser merecedor de gozá-las indefinidamente como chefe da família. Quando, do ponto de vista de Sir Leslie, alguma coisa não saía bem naquela casa, onde tudo estava entregue aos cuidados de Julia, ele ficava de mau humor.

O biográfo de Sir Leslie afirma que a mulher paciente e abnegada era mais dotada que o seu marido. Chegava rápido, de maneira intuitiva, a conclusões que ele só alcançava com uma lentidão penosa e raciocinando muito. O único livro de Julia (escreveu apenas um, e não é de se estranhar: andava ocupada com outras tarefas), *Notes from Sick Rooms* [Notas de quartos de isolamento],[17/18] é, ao que parece, um primeiro esboço do que viria a ser o gênero de Virginia Woolf. Mas Sir Leslie sofria (moralmente) e gostava que toda a família sofresse em uníssono e se ocupasse dos seus infortúnios em detrimento do resto. E não é que um dia subiu as escadas dizendo em voz alta: "Gostaria de estar morto"? Suponho que é fácil imaginar o clima que essas atitudes deveriam criar em uma casa onde viviam pelo menos (ignoro como eram ou como reagiam os outros filhos) três mulheres de sistema nervoso delicado e com extrema sensibilidade: Julia, Vanessa e Virginia.

Noël Annan fala de um sobrinho de Sir Leslie, que era muito estimado pelo tio, acometido por episódios de grande excitação, seguidos de depressão. Morreu jovem em um hospital (de loucos?). Todos os Stephen negligenciaram a saúde pelo excesso de trabalho, sintoma de uma neurose familiar. Stephen

---

[17] Há tradução para o espanhol desse texto em *Stephen, Julia y Woolf, Virginia* (2019). *Estar enfermo. Notas desde las habitaciones de los enfermos*, Barcelona, Alba. (N.E.)

[18] *Notes from Sick Rooms* foi publicado em 1883. Trata-se de uma coletânea de ensaios escritos por Julia Prinsep Stephen, mãe de Virginia Woolf. Julia foi uma importante filantropa e reformista social. No livro, relata várias experiências de pessoas doentes e suas famílias durante a Era Vitoriana britânica. (N.T.BR)

trabalhava, da mesma maneira que outros bebem, para afogar o que sentia. Buscava no trabalho um refúgio, um esquecimento, uma proteção. A fuga na doença, da qual falam em nossa época os psiquiatras, era nele a fuga no trabalho. É importante lembrar disso tudo, pois encontraremos em Virginia esse mesmo frenesi pelo trabalho até ficar doente; até o *surmenage* [esgotamento]; até a loucura; até o suicídio.

Mas se é verdade que Leslie Stephen impunha uma boa quantidade de tabus vitorianos à sua família, também é certo que dava a suas filhas total liberdade para ler qualquer livro da sua biblioteca, atitude bastante incomum. Foi assim que Virginia pôde estudar Platão em grego com uma irmã de Walter Pater.[19] Essa liberdade valia mais do que um maço de cigarros, ela pensava (pois, é claro, as mulheres não podiam fumar). Como explicar, então, as já citadas linhas do diário: se meu pai tivesse vivido até os 96 anos, o que teria acontecido? "*No writing, no books.*"

Sir Leslie certamente não era o monstro de Wimpole Street, nem o velho Patrick Brontë, ou aqueles pais terríveis, famosos porque a sua descendência alcançou, muito apesar deles, a celebridade. (Esses pais da Era Vitoriana causaram estragos em todos os países "civilizados". Eram uma legião. Foram esquecidos massivamente porque não tiveram filhos que os tornassem tristemente ilustres.)

Mas parece que por alguma razão Stephen reprimia a vocação de sua filha. É possível interpretar de outra maneira a observação de Virginia sobre esse assunto? Ah, como sentimos que esse ponto polêmico para nós, que nascemos no final da Era Vitoria-

---

19 Aqui se refere à Clara Pater (1841-1910), acadêmica inglesa, pioneira na educação para mulheres, tutora de Virginia Woolf entre 1899 e 1900. Ensinava latim, grego e alemão. Era irmã do crítico literário Walter Pater (1839-1894). (N.E.)

na — mas padecemos sua influência —, fez que o *Diário* não fosse mais explícito e que Leonard Woolf o expurgasse, suspeitamos, de maneira tão severa. Perseguida pela lembrança do pai e da mãe (ela eleva essa última a um lugar muito especial), Virginia se liberta dessa obsessão — é o que ela afirma — pintando para nós o senhor e a senhora Ramsay. Depois de tal catarse, consegue pensar em seu pai como uma espécie de contemporâneo e até faz a promessa de relê-lo. *Ao farol* é a cura de um complexo.

O amor de Virginia por sua família é evidente. Na primeira página de *As ondas* queria escrever o nome de seu querido irmão, Julian Thoby Stephen (1881-1906). Sobre isso, também gostaríamos de saber mais. Eu acredito que a morte de Thoby foi mais dolorosa para ela do que a de Sir Leslie. Certamente tinha por ele um duplo sentimento fraterno, de alma e de sangue, laço maravilhoso entre dois seres que ditou esta dedicatória à sua irmã, em *Noite e dia*: "A Vanessa Bell... no entanto, procurando uma frase, não encontrei nenhuma que pudesse ser colocada junto ao teu nome".

Se abrimos *Orlando*, mistura de artifício e ternura, de fantasia e realidade, nos encontramos com sua amiga Vita Sackville-West, com o castelo de Knole onde viveu, com seus 365 quartos... A edição estadunidense[20] vem acompanhada não só de retratos

---

20 As edições de *Orlando* pelo mundo nem sempre seguiram a edição idealizada por Virginia Woolf pela Hogarth Press, com imagens (compostas de nove retratos, entre fotografias e pinturas). No Brasil, atualmente, temos duas edições que seguem esse projeto: o da editora Autêntica, com tradução de Tomaz Tadeu, e da editora Darkside, com tradução de Luci Collin. Ver mais no artigo "Orlando em traje de gala: a performance das imagens na biografia paródica de Woolf, em edição de Tomaz Tadeu", de Maria Rita Drummond Vianna e Marília Dantas Tenório Leite. Disponível na revista *Em Tese*, da Universidade Federal de Minas Gerais (UFMG). (N.T.BR)

dos antepassados de Vita, mas também de imagens suas na contemporaneidade. Virginia se metamorfoseia em seus personagens e diz "acho que escrever, a minha maneira de escrever, é um modo de atuar como um médium: eu me transformo na pessoa". Se visto de certa perspectiva, o romance é, então, para ela — como também para um considerável número de romancistas —, uma forma furtiva de autobiografia, um substituto da confissão. A fuga na personagem.

A Era Vitoriana e Sir Leslie Stephen, seu representante, e a sensível e encantadora Julia são, como acabamos de ver, o ponto de partida dessa vida. Os frutos, as flores da árvore denominada mais tarde de *Virginiana tremula, Virginiana fragans, Virginiana mutabilis, Virginiana imbricatissima, Virginiana gracilis, Virginiana fulgens, Virginiana pulcherrima, Virginiana semperflorens, Virginiana tristis* surgiam dessa terra ("nossa vida mais remota, nossas primeiras experiências"), estavam condicionados por ela.

PAIS VITORIANOS

Lendo Sófocles, ela compara o tipo humano de Electra ao de Emily Brontë. O mesmo tipo de heroísmo feminino na Grécia e na Inglaterra. No entanto, Electra suportava um fardo mais pesado, costumes mais asfixiantes que os ditados pelos tabus vitorianos. Sem dúvida, algumas interdições gregas eram o equivalente exato daquilo que ela resume como "*a maid and a hanson cab*".[21] Isso foi traduzido na minha época por "uma criada e

---

21 "Uma criada e uma carruagem." (N.T.)

um táxi". A filha de um cidadão distinto se casava antes de ter andado sozinha por Piccadilly (ou, naturalmente, por qualquer outra rua) e também antes de ter saído sozinha em um coche. Não imaginava que tal atrevimento fosse possível sem causar um alvoroço na família inteira. Eu passei por essa experiência, como a maioria das minhas contemporâneas. Sempre me pareceu grotesca. A criada, observa Virginia [*Três guinéus*], representava um papel importante na vida inglesa das classes altas (e não é preciso comentar que na Argentina também) até o ano de 1914, que coincidiu com a primeira guerra. A criada escoltava não apenas as moças, mas também as mulheres casadas. Conheci algumas que se sentiam secretamente lisonjeadas porque seus maridos não permitiam que saíssem de táxi (já era a época do táxi) sem estar acompanhadas por essa espécie de aia. Sobre esse tema poderia ser escrito um livro curioso: "O papel da criada nas classes ociosas". Algumas chegaram a ser muito importantes na vida de suas patroas. Basta lembrar o caso da empregada de Elizabeth Barret...[22] mas isso é farinha de outro saco. Aqui me refiro aos trabalhos que os pais e maridos lhes solicitavam e que elas cumpriam de acordo com seu juízo e caráter. Virginia destaca sarcasticamente que, a partir de uma determinada época, a proteção da castidade feita pelas criadas se torna um artigo extremamente caro para o orçamento burguês. Com o objetivo de que a moça conservasse o seu corpo intacto (*whatever that may mean*)[23] para seu futuro marido — que geralmente não se poupava das noita-

---

22 Elizabeth Barret Browning (1806-1861) foi uma poeta inglesa da Era Vitoriana, conhecida pelo livro *Sonetos da portuguesa* (trad. Leonardo Froés, São Paulo: Rocco, 2012). Virginia Woolf elabora um pouco sobre a criada da poeta — mas, principalmente, sobre o cão (um cocker spaniel) dela — no romance *Flush*, de 1933. (N.T.BR)
23 "Seja lá o que isso quer dizer." (N.T.)

III

das —, a fim de que a esposa não se expusesse ao risco de ver morrer sua fidelidade a um marido que raramente lhe consagrava a sua, não havia nada melhor do que colocar essas fêmeas (esse é o substantivo que cabe para tal tratamento) sob a custódia de outra fêmea que, não se sabe devido a que aberração, característica da lógica masculina, era motivo de maior confiança.

Não, não há nada que o cérebro do homem não invente sobre esse capítulo se não houver impedimento. Virginia Woolf era apaixonada pelo tema e graças a ele pôde expressar seu espírito satírico, seu senso de humor, como também seu amor à equidade e a sua bendita indignação diante de toda atitude ditatorial. *Um quarto só seu* e *Três guinéus* tratam da história verídica da luta vitoriana entre as vítimas do sistema patriarcal e os patriarcas, entre as filhas e seus pais e irmãos. Virginia termina dizendo a esses cândidos déspotas: vejam, raciocinem, reflitam um pouco. Nossa luta, a das mulheres contra a tirania do estado patriarcal imposto por vocês, é análoga à luta que vocês iam travar contra a tirania do estado fascista, hitlerista.

Essa luta não se tratava apenas de *"a maid and hansom cab"*[24] nem da interdição de fumar cigarros (coisas que se tornam importantes, inquietantes, como sintomas da própria interdição). Dizia respeito ao direito de escolher o marido e a carreira. O caso do reverendo Patrick Brontë não era isolado, mas nem de longe provocou o movimento de censura da sociedade da sua época. Esse pastor anglicano ficou famoso apenas porque a vítima, Charlotte Brontë, foi famosa. Era um caso comum. Quando a autora de *Jane Eyre* quis se casar com Nicholls (outro pastor, homem respeitável como genro), seu pai vetou a união por nenhum outro motivo a

---

24 "Uma criada e um coche." (N.T.BR)

não ser mero capricho, o desejo de ter Charlotte apenas para ele, exclusivamente a seu serviço. Durante meses, a pobre moça se submeteu, sofreu e se debateu por dentro. Não se atrevia a se rebelar temendo que a saúde do pai (ah, inocência, o reverendo morreu de velhice) fosse afetada, temia que um ato de insubordinação inusitada fosse para ele um golpe mortal (era ela quem morreria em plena juventude quando o patriarca voluntarioso finalmente consentiu o casamento que durou menos de um ano). A sociedade da época vitoriana ficou impávida diante da conduta do reverendo Brontë. No entanto, observa Virginia, se ele tivesse torturado publicamente um cachorro ou roubado um relógio,[25]

---

25 A verdade sobre essa colocação pode ser encontrada em jornais ingleses, muito pós-vitorianos, de 5 de junho de 1913 e dias seguintes, nos quais se comenta "uma trágica página da história do Derby". Anmer, o cavalo do rei, foi "infamemente interceptado por uma fêmea" em sua corrida. Devemos observar que a morte de Miss Davison, a sufragista que se jogou entre as patas do animal, não é apresentada como um acontecimento trágico (os pêsames são destinados ao turfe), mas como um fato grotesco e vergonhoso. The Pall Mall Gazette diz: "Só é possível sentir pena pela demência que moveu a desgraçada mulher. Procurou um 'martírio' grotesco e sem sentido por causa do capricho de uma causa política... Os interesses do sufrágio feminino não ganharão nada por ter freado o cavalo do rei... Pelo contrário, perderão porque o público se firmará na convicção de que a excitação política tem efeitos desastrosos para certos tipos de natureza feminina, e aumentarão as dúvidas sobre a lucidez que pode colocar a serviço do Estado um eleitorado que produz semelhantes representantes. A tragédia, ou semitragédia, de Tattenham Corner foi inspirada em emoções que mais se assemelham a grosseiras superstições pagãs do que à progressista inteligência do sexo feminino na Inglaterra."
É evidente que, naquela época, a vida de Anmer valia infinitamente mais do que a de Miss Davison (há apenas 41 anos). Pude me informar muito sobre esse acontecimento em um livro enorme de recortes referentes a Graganour ("o desqualificado ganhador do Derby"), meticulosamente conservado em Chapadmalal. No bonito parque da estância, o esplêndido animal dorme solene sob uma lápide com seu nome inscrito. Não sei se, em algum lugar da Inglaterra, Miss Davison tem um túmulo tão poético. Ofereço para os escritores este tema de reflexão e este título: "Balada da tumba de Craganour, vencedor desqualificado do Derby, cujo glorioso nome ocupou os jornais ingleses em junho de 1913, enquanto o da obscura Miss Davison, morta com justo castigo pelo seu "mau comportamento", aparecia apenas em terceiro plano. R.I.P. (Nota da autora)

sua reputação teria sido prejudicada. Mas, nesse sentido, uma moça tinha menos valor que um cachorro ou um relógio e seu pai podia exercer livremente o que hoje em dia é motivo de divórcio nos Estados Unidos: *mental cruelty*.[26] Os pais vitorianos, e até pós-vitorianos, que tinham uma conduta análoga à de Patrick Brontë, hoje formam uma grande tropa de sombras anônimas e esquecidas. Se eles foram perdoados no céu pela crueldade, pelo egoísmo infantil (no que os psiquiatras atuais veriam algum tipo de fixação), melhor para eles. Aqui na terra, Virginia Woolf fez o acerto de contas em *Três guinéus*, sem abrir mão de um sorriso encantador e implacável.

Ela jamais subestimou, como outras ingratas e leigas, o que a mulher contemporânea deve às suas irmãs do passado, as sufragistas, as feministas, insultadas, vilipendiadas, ridicularizadas: heroicas. A batalha delas, a nossa, foi longa e incendiária.[27]

---

26 "Violência psicológica." (N.T.BR)
27 Isto era o que acontecia entre nós por volta de 1935: uma reforma do Código Civil ameaçava os parcos direitos adquiridos pela mulher. Do ponto de vista econômico, se reservava à mulher casada o mesmo tratamento que aos menores ou dementes. Sem a autorização do marido, segundo o projeto de reforma, soubemos que a mulher não poderia: 1º) trabalhar em nenhuma profissão, indústria ou emprego; 2º) dispor livremente do produto do seu trabalho; 3º) administrar os seus bens (o marido deveria ser o administrador nomeado e legal); 4º) fazer parte de qualquer sociedade civil, comercial etc.; 5º) fazer ou receber doações.
   A coisa nos pareceu tão insensata e grave que, com algumas amigas, decidimos protestar com os magistrados responsáveis pela reforma.
   Me coube visitar a dois, um deles um personagem importante. Ele acreditava, por exemplo, que era justo e saudável que a mulher precisasse do consentimento do marido não apenas para trabalhar fora de casa — obviamente, em sua casa, poderia se acabar de sol a sol —, mas para exercer uma profissão liberal. É preciso, ele dizia, que haja um chefe de família, do mesmo modo que o barco tem um capitão. Se não for assim, a desordem toma conta do lar. O que aconteceria se uma mulher pusesse na cabeça que quer trabalhar como datilógrafa em um escritório? Deixaria seus filhos em mãos mercenárias, abandonaria os afazeres domésticos, abandonaria seu marido, uma vez que não lhe sobraria tempo para zelar pelo seu bem-estar material. O magistrado parecia acreditar que o escritório era um vespeiro perigoso — o chefe, os empregados

masculinos de todos os graus — para uma mulher decidida a ganhar a vida. Estava obcecado com essa imagem. Eu lhe respondia que as senhoras que passavam a vida nos ateliês de moda, nos cinematógrafos, nos teatros, nos cocktails, nos torneios de bridge (a canastra ainda não era conhecida) também deixavam seus filhos em mãos mercenárias. Como eu insistia em defender o direito da mulher de trabalhar e viver em pé de igualdade com o homem, ele acabou me dizendo: "Mas, senhora, lembre-se da sua própria família, da maneira como a educaram. O que a senhora viu na sua família? Seu pai era o chefe ou não? Qual era o papel da sua mãe?". Respondi que, ainda que amasse muito meus pais, nunca tinha compartilhado das suas ideias sobre aquele assunto, nem sobre outros, o que, certamente, não era incomum nem excepcional. As gerações que se sucedem raramente estão de acordo umas com as outras. Sobretudo nos nossos dias. Tudo o que eu lhe dizia entrava por um ouvido e saia pelo outro. Passamos desse assunto para o dos filhos naturais e adulterinos. Claro que me parecia absurdo que esses recém-chegados ao nosso vale de lágrimas fossem condenados a expiar as culpas — se houvesse culpas — de seus progenitores. Ingenuamente — para o magistrado — eu pensava que todos os filhos eram naturais e que apenas os pais poderiam ser acusados de não o ser. Essa afirmação irritou o meu interlocutor. Respondeu que, se a sua fraqueza humana fosse tentada mais além de suas forças, não era cabível expor o homem a cair numa cilada de uma aventureira capaz de destruir seu lar. Se a lei não interviesse, o que não seria capaz de inventar uma mulher sem escrúpulos para tirar dinheiro dele? Se os filhos fossem todos iguais perante a lei, a paz do lar se veria para sempre comprometida, ameaçada e destruída. Então lhe perguntei se não haveria alguma vantagem de os homens aprenderem a resistir mais fortemente às suas tentações e ter consciência das coisas às quais se expunham. Sorriu, então, com indulgência paternal: "Os homens, senhora, são geralmente fracos diante da tentação. Assim, é preciso que a lei os considere e proteja". A réplica nascia por si mesma: "E as mulheres?". Não. As mulheres, se eram respeitáveis, sabiam resistir às tentações que somente eram incoercíveis — e por isso mesmo perdoáveis — nos homens. "As aventureiras", experts nas debilidades masculinas, aproveitariam mais do que tinham feito até agora se a lei lhes proporcionasse os meios. Para o magistrado em questão, sempre era a mulher quem oferecia o fruto da árvore do bem e do mal. Sobre isso, se expressava em tom taxativo. Os filhos legítimos, nascidos dos casamentos legítimos, tinham que ser protegidos. Os outros?... Sua situação era de se lamentar, mas o que poderia ser feito? Há fatalidades como essa na vida. "Não!", gritei. Esse é precisamente o caso no qual a fatalidade não entra em jogo, mas o egoísmo dos homens. Para cada uma das respostas, ele voltava a me perguntar o que eu tinha visto na minha família. Por fim me disse: "A senhora é viúva, não é? É independente do ponto de vista econômico". Respondi "sim" pela primeira vez naquela conversa. "Então", continuou, "por que se preocupar com problemas que não são seus?" Com o outro magistrado abordamos o tema da virgindade, pois se falava de dar ao marido o poder de anular o casamento caso a sua ausência fosse comprovada. Primeiro perguntei se a mulher podia anular o contrato pelos mesmos motivos. Com aquele sorriso de compaixão que eu já conhecia tão bem, o magistrado disse: "Claro que não". Perguntei se a virgindade também era exigida de uma viúva. Um novo sorriso... É um caso diferente, me garantiram. Então eu perguntei se aqueles senhores achavam tão fácil sentenciar sobre essas questões. Se essa história da virgindade não poderia se prestar a lamentáveis

Somente em 1916 Asquith[28] renuncia a sua oposição aos direitos políticos femininos. E, na Inglaterra, apenas em 1919 se abrem as portas das profissões para mulheres. Nesse ano a primeira mulher, Lady Astor,[29] se senta na Câmara dos Comuns; ainda hoje, as mulheres não são admitidas na Câmara dos Lordes. Sob esse aspecto, continua sendo verdade o que escreveu John Stuart Mill no seu *A sujeição das mulheres*: "Mas se a Rainha Isabel e a Rainha Victoria não tivessem herdado o trono, jamais teriam ficado encarregadas dos deveres políticos que a primeira soube cumprir como os maiores." *Um quarto só seu* é publicado em 1929. *Três guinéus*, em 1938. Ainda que isso hoje possa parecer impossível, a luta não estava concluída por completo, embora, graças à guerra de 1914, a partida estivesse ganha definitivamente. No seu *Diário*, às vésperas de lançar *Um quarto só seu*, Virginia anota: não vão levá-lo a sério. Dirão: "A senhora Woolf é uma escritora tão talentosa, que tudo o que escreve é agradável de ler". Mas ela escreveu esse livro com ardor e convicção. Não deseja bajulações à sua maestria como escritora. E, no que diz respeito a *Três guinéus*, cada uma das páginas nasceu da sua pena, ela nos diz, "como um verdadeiro vulcão".

---

abusos, a toda uma espécie de chantagens pouco nobres. Se, além disso, essa cláusula não era humilhante e intolerável do ponto de vista da mulher. O magistrado não demonstrou ter ideias muito claras a esse respeito. (Nota da autora)

28 Herbert Henry Asquith (1852-1928), foi um primeiro-ministro inglês conhecido por ter acolhido o projeto de lei a favor do sufrágio feminino, mas não o favoreceu quando ele foi apresentado. (N.T.BR)

29 Nancy Witcher Astor (1879-1874) conhecida como Viscondessa Astor, foi a primeira mulher a fazer parte da Câmara dos Comuns, a câmara "baixa", parte do Parlamento do Reino Unido, criada para representar politicamente a classe dos "comuns", que nesse período era assumida pela burguesia. A Câmara dos Lordes representava a câmara alta. (N.T.BR)

Desde a Era Vitoriana até hoje, as reações contra a ditadura patriarcal, contra o direito de tratar as mulheres "respeitáveis" como enfermeiras obedientes e virgens acorrentadas e as outras, as "não respeitáveis", como gado vil, assumiram várias formas. Basta olhar à nossa volta e tirar as conclusões. Se pudéssemos estudar a vida íntima, a infância, a adolescência das mulheres renomadas — as que por uma razão ou outra se destacaram nos últimos cem anos — descobriríamos o papel preponderante que a revolta teve em suas vidas, a revolta de sentir-se a eterna enfermeira, a eterna virgem, o eterno gado; a humilhação de suportar a ditadura masculina arbitrária, mesmo que viesse do pai mais carinhoso ou do irmão mais abnegado. Pois, se o nosso século é o das reivindicações do proletariado, é, ainda mais, o da emancipação da mulher — *o proletariado feminino* se estende a todas as classes, igualmente submetidas à tirania masculina, enquanto o *proletariado* como tal apenas abrange uma delas. Em outras palavras, é o século em que a mulher começa a ser tratada em pé de igualdade, como pessoa e não como *objeto*, por mais sagrado que fosse, e pouco importa que colocassem o objeto sobre um altar, o que facilitava a vigilância.

O QUE GIDE PENSOU

O *Diário* póstumo de Gide — as entradas que fazem referência à sua relação com uma mulher, um estranho *mariage blanc*[30] — nos conta sobre o que um homem de grande inteligência e que se dizia

---

30 "casamento branco/casamento por conveniência/casamento de fachada." (N.T.BR)

livre de preconceitos, no que cabe à homossexualidade pelo menos, pensou sobre as mulheres durante anos.

Transcrevo a passagem na íntegra:

[...] essa aberração que me levava a crer que, quanto mais etéreo, mais digno eu era do seu amor [da mulher], pois sustentava a ingenuidade de nunca me perguntar se ela se contentaria com um amor completamente não carnal. Logo, não me inquietava que meus desejos se dirigissem a outros "objetos" [aqui cabe bem o termo]. E até chegava a persuadir-me *confortavelmente* de que era melhor que fosse assim. *Os desejos, eu pensava, são próprios do homem; era tranquilizador não admitir que a mulher pudesse senti-los da mesma maneira; ou apenas as mulheres de vida fácil.*[31] Tenho que confessar o despropósito da minha falta de consciência: *não há explicação ou desculpa para a ignorância em que a vida me manteve, pois os exemplos que tive foram os daquelas figuras admiráveis de mulheres submissas da minha infância: primeiro a minha mãe, a senhorita Shackleton, minhas tias Clara e Lucila, modelos de decência, de honra e de recato; suspeitar que elas tinham algum desejo carnal me parecia*[32] *o mesmo que insultá-las.*

---

31 O destaque é meu. (Nota da autora)
32 Há menos de cem anos o cirurgião inglês Acton escreveu um livro que até quase ao fim do século passado era a autoridade padrão em questões sexuais, e ele afirmava ali que atribuir sensações sexuais às mulheres era uma "vil difamação", enquanto na mesma época, em outra obra médica padrão, era declarado que somente "mulheres lascivas" mostravam sinais de prazer quando possuídas por seus maridos. E esses conceitos absurdos eram generalizadamente aceitos. [Havelock Ellis, *Psicologia do Sexo*, tradução de Dr. Pedro Pôrto Carreiro Ramires, editora Bruguera, 1971.] Durante a minha juventude, nas classes chamadas altas, coitada da garota que porventura se deixasse beijar castamente por um rapaz. (Esses excessos amorosos aconteciam raramente por dois motivos: 1º) falta de oportunidade; 2º) o sentimento de estar cometendo um deslize grave.) A mais audaciosa geralmente suspirava logo em seguida: "O que você vai pensar de mim!". E o pior é que em 99% dos casos ela acertava: porque ele pensava. Pensava

Os modelos de decência, honestidade e recato possuíam essas virtudes unicamente porque seus sentidos estavam entorpecidos, não porque resistiam à tentação. Visão e moral estranhas essas de Gide. Acreditava, por consequência, que a decência, a honestidade e o recato das mulheres dependiam apenas de uma deficiência ou de uma anormalidade fisiológica que já tem nome na medicina: frigidez. Que essa deficiência constituía seu atributo mais precioso e só era encontrado nas mulheres "respeitáveis", as mães, tias, irmãs (quem sabe até nas primas). As mulheres de "vida fácil" não podiam ostentar nenhum tipo de parentesco. Esse grupo de fêmeas nascia por partenogênese. No que se refere à *colônia* feminina (faço aqui o emprego da palavra como costuma ser feito para designar castores ou outros animaizinhos), existem leis biológicas muito semelhantes às da colmeia: uma rainha fecunda de um lado, uma operária neutra do outro. Naturalmente, o zangão escapava de qualquer classificação que o relegasse a último plano, limitando sua independência sexual soberana. A comparação valia apenas para as mulheres. O homem, criado à imagem e semelhança de Deus, não podia ser comparado a um animal *saisonnier*.[33]

---

sem considerar a sua própria participação no crime cometido e que era pecaminoso apenas para uma das partes: a que mais se arriscava. No começo da era do cinema, quando Max Linder era popular, meu pai projetava filmes em casa. Se apareciam cenas de amor acompanhadas de beijos, minha mãe ficava de pé na escuridão do *hall* — onde não se escutava nenhum outro barulho a não ser o da máquina — e se plantava na frente do projetor, bloqueando a imagem. Nós reclamávamos sem que ela se comovesse. Como não conseguia adivinhar quanto tempo durariam as demonstrações amorosas — o cinema era mudo e, ao cobrir as figuras, cobria o letreiro —, por precaução, sua sombra permanecia na tela mais do que era necessário, nos fazendo correr o risco de perder o fio da meada. (Nota da autora)

33 "sazonal, de temporada" (N.T.)

Ao contrário, a mulher, nascida de uma simples costela e doze vezes impura enquanto a terra gira ao redor do sol, está mais próxima da natureza, afirmam os homens. E a natureza é sábia, complementam, quando se trata de limitar a independência da mulher explicando por quê, dado que fisiologicamente etc. é necessário que ela se resigne a etc. e etc. É importante destacar que esse argumento tão elástico da natureza pode ser esticado para qualquer lado, e que o homem o utiliza quando lhe convém, para defender as causas mais contraditórias e os maiores desatinos... Gide o utilizava muito para atribuir à homossexualidade a categoria de coisa tão ou mais [34] natural que a heterossexualidade. A natureza serve para explicar tudo conforme o gosto de cada um. Mas voltemos à mãe, tia, irmã, espécies de vestais modernas ameaçadas por um castigo terrível — moral desta vez —, se não cumprirem o dever: ser enterradas vivas, socialmente falando. Retomemos o *Diário* de Gide:

> Quanto à minha outra tia, a mãe de Madeleine [sua mulher], sua má conduta [não nos explica em que consistia, mas suspeitamos de que jamais alcançou os gloriosos cumes da própria conduta do autor; esta que se vangloria com orgulho infantil em *Si le grain ne meurt*,[35] por exemplo] tinha a feito perder a estima da família e sofrer a exclusão das nossas vidas, do nosso horizonte e dos nossos pensamentos. Madeleine nunca falava no assunto e não tinha por ela (que eu saiba) nenhuma compaixão... Essa reprovação contribuía para a minha cegueira.

---

34 Referência ao *Corydon*, livro de ensaios, de 1924, em que André Gide escreveu sobre homossexualidade. O título faz referência a um personagem do poeta romano Virgílio. (N.T.BR)
35 *Se o grão não morre*, trad. Hamilcar de Garcia, Rio de Janeiro: Nova Fronteira, 1982. (N.T.BR)

Assim era, então, a atitude de uma mulher *admirável*: a falta de compaixão, de caridade. E essa patente limitação de Madeleine era suficiente para aumentar a *cegueira* de seu marido, desse representante da verdade para além do bem e do mal... mas, pelo visto, somente em algumas circunstâncias. A opinião da companheira, sempre respeitada porque era invariavelmente virgem, não contava quando outros interesses pesavam na balança. As suas palavras pouco influenciaram na conduta do marido ao terminar aquela singular viagem de trem (durante a lua de mel): "*Tu avais l'air d'un criminel ou d'un fou.*"[36] Madeleine nunca soube por experiência própria que André era capaz de "*l'élan qui procrée*",[37] porque não sentia que isso fosse mais do que uma condição: nada intelectual ou sentimental deveria se misturar a esse "*élan*",[38] sob pena de aniquilá-lo. Em Gide, o carnal estava tão desvinculado do amor, do respeito, da decência, da honestidade, que só era capaz de procriar ali onde essas virtudes ofuscadas (causas de inibição) não atuavam como um freio. Chega a se persuadir de maneira muito cômoda de que mais vale provar a si mesmo a capacidade de "*l'élan qui procrée*",[39] dedicando-se a esse exercício fora do leito conjugal. Quase parece uma aposta de Gide com ele mesmo. A substituição da palavra desejo pela palavra "*élan*" (movimento súbito realizado com esforço) é simbólica. Gide era mestre no uso do seu idioma. Conhecia as nuances das palavras e não usava nenhuma sem pensar. Junto com a definição de "*élan*" o

---

36 "Você tinha um jeito de bandido ou de louco." (N.T.)
37 "O impulso que fecunda." (N.T.)
38 "impulso/ímpeto" (N.T.)
39 "O impulso que fecunda." (N.T.)

Larousse traz este exemplo: *"Franchir un fossé d'un seul élan."*[40] A substituição voluntária não é obra do acaso. Para André, na amarelinha da vida (a gente brincava pulando com um pé só e jogando uma pedra nas diferentes casinhas traçadas dentro de um retângulo no chão), Madeleine não era a posição chamada Céu, mas aquela chamada Inferno.

A REBELIÃO DE JAMES E CAM

Depois desses parênteses enormes, voltemos a Mrs. Ramsay/Julia Jackson, que era vitoriana em sua devoção pelo marido. As qualidades dele eram admiráveis; e irrelevantes os seus defeitos: "Não reverenciava nada como ele." Mas a rebelião se instaura nos filhos, observadores e intuitivos, sobretudo no mais novo, apegado à mãe.

O pequeno James detestava o pai justamente por causa dos efeitos da ditadura patriarcal que era exercida e exalada pela atmosfera da casa. Também por ciúmes, porque o pai rouba parte da atenção de Mrs. Ramsay, que ele (James) tenta monopolizar. Mas, quando faz a passagem para a vida adulta, aquela revolta infantil, manifestada simbolicamente pelo desejo de cravar um punhal no coração de Mr. Ramsay, toma outro rumo. Já não se dirige ao velho triste, encurvado sobre um livro, mas ao despotismo, à tirania, sob qualquer forma e disfarce: "*Isso* é o que eu mataria, ao coração disso apontaria. Qualquer coisa que fizesse... fosse um homem de negócios, ou um banqueiro, ou um advogado, ou um chefe de alguma empresa, isso era o que perseguiria e pisotearia: a tirania, o des-

---

40 "Saltar uma vala com um único impulso." (N.T.)

potismo... o obrigar as pessoas a fazerem o que elas não querem; o impedir que elas falem." Ele, o pequeno James (Virginia), e sua irmã Cam se unem nesse propósito, fazem uma promessa mútua: "juraram que lutariam contra a tirania até a morte." Todas as mulheres da geração de Virginia e as que vieram logo em seguida (me refiro às que eram mentalmente irmãs de James Ramsay) fizeram esse voto.

A maioria dos homens, inclusive os intelectuais que têm a pretensão de entender tudo, acredita que *Um quarto só seu* ou *Três guinéus* não podem ser comparados aos outros livros da autora; que nasceram de uma obsessão, de um complexo que mais revela o caráter de quem os escreveu do que as condições prevalecentes, os fatos, por assim dizer.[41] Penso exatamente o contrário. Esses dois ensaios ocupam um lugar preponderante na obra de Virginia Woolf. Neles, a autora cumpre a promessa de James e de Cam. Certamente não se trata de dois bonitos poemas psicológicos como *Ao farol* ou *Mrs. Dalloway*, mas possuem outros méritos, outras excelências. Do ponto de vista da história da mulher, das suas reações, dos seus infortúnios, do grande movimento latente já no século XIX e que eclode e triunfa um pouco mais tarde — durante e depois da guerra de 1914 —, em pleno século XX, são testemunhos de um valor insuperável na história da literatura.

---

41 "Nossa civilização é há tanto tempo patriarcal, o elemento masculino predomina nela a tal ponto que nossa concepção do elemento feminino corre perigo de sofrer por isso. Consideramos, por exemplo, como "fato" concreto que o masculino é forte e superior, e que o feminino é frágil e inferior. Faz pouco tempo que esse dogma foi sacudido pela rebelião das mulheres que não apenas o colocaram em xeque na teoria, mas também demonstraram na prática que se tratava de um desatino. Mas nem por isso deixa de substituir o preconceito de que o homem, de um ponto de vista não motivado pela sua conquista pessoal, pelo seu caráter ou pela sua força, é superior à mulher *porque é homem*. Nas sociedades matriarcais considera-se verdadeiro o pensamento contrário." (Mary Esther Harding, *Os mistérios da mulher*, com prefácio de C. G. Jung). (N.T.)

Uma passagem do *Diário* a respeito do que Virginia chama de "a atmosfera masculina" merece uma atenção especial. Essa atmosfera a deixa intrigada. Eles têm fé em nós? Eles nos desprezam?, se pergunta. Quando Middleton Murry (marido de Katherine Mansfield) fala sobre os objetos de culto masculino, ela vê a inteligência masculina afundar em um precipício íngreme, e estranha que *eles* (os homens) se vangloriem de pontos de vista tão próximos à estupidez. Comprova que as suas conversas com Katherine são infinitamente mais fluidas e dão conta de muito mais assuntos em menos tempo.

Partindo de um mesmo grau de inteligência, existem temas nos quais as mulheres se entendem em poucas palavras[42] e vão mais rápido que os homens; zonas que eles não frequentam ou aonde chegam apenas graças a um grau de imaginação e sensibilidade bastante incomuns. Pelo menos essa parece ter sido a experiência de Virginia Woolf. Compartilho com ela, reconhecendo que os homens têm certas qualidades incomuns entre as mulheres.

Virginia escreve que Mrs. Ramsay/Julia Jackson sentia pena dos homens como se lhes faltasse alguma coisa. Por quê? Porque Mrs. Ramsay tinha, em demasia, as qualidades femininas que mais faltavam a Mr. Ramsay.

Sabia sem ter aprendido. Sua simplicidade chegava ao mais fundo do que as pessoas espertas fingiam saber. A unidade do seu espírito fazia com que ela caísse firme como uma pedra, pousas-

---

42 "Se fosse possível estar em situação de amizade com as mulheres, que prazer essa relação tão secreta e íntima teria comparada à relação com os homens! Por que não escrever sobre isso? Com franqueza." Essas linhas do *Diário* permanecem enigmáticas, pois supomos que a autora deve ter voltado ao tema e, quem sabe, o analisado. Por que esse *if one could* [Se fosse possível]? (Nota da autora)

se certeira como um pássaro, lhe dava naturalmente uma maneira fascinante de fazer a verdade empreender voo".[43]

Mrs. Ramsay, aliás Julia/Jackson, aliás Virginia Woolf, é o eterno feminino *at its best*.[44] Virginia também caia firme como uma pedra, ou pousava leve e precisa como um pássaro sobre um galho, com um delicioso e natural equilíbrio. É pedra nos seus ensaios, pássaro nos seus romances poéticos.

A TORRE INCLINADA

Em 1940, Virginia escreve em seu *Diário* que os escritores da Leaning Tower,[45] não conseguindo descrever a sociedade em meio à mudança, descrevem a si mesmos como produtos ou vítimas dessa sociedade. É um passo necessário, afirma, para que a geração

---

43 Comparar essa passagem com o julgamento de T.E. Lawrence sobre os caudilhos árabes [capítulo 26 de *Os sete pilares da Sabedoria*, trad. C. Machado, Rio de Janeiro: Record, 2015]: "Os chefes árabes revelavam absoluta inteireza de instinto, perfeita confiança na intuição, no pressentimento não notado, o que deixava a nossa mente centrífuga a tatear. *Como as mulheres, compreendiam e julgavam rapidamente, sem esforço e sem raciocínio. Era como se a exclusão oriental da mulher, em relação à política, conferisse aos homens os dotes peculiares delas.*" Se deduz dessas reflexões que as qualidades, os dons femininos são tão necessários para qualquer iniciativa, por mais distante que o reino pareça estar da mulher, que os homens precisam recorrer a eles e adquiri-los para triunfar. Uma vez que na campanha da Arábia o belo sexo não tinha mais representantes que os camelos fêmeas, Lawrence atribui a velocidade e o mistério que levaram à vitória ao seguinte milagre: os homens uniram às suas qualidades as das mulheres, mas sem os defeitos que costumam acompanhá-las. (Nota da autora)
44 "No seu melhor." (N.T.BR)
45 Referência ao texto "The Leaning Tower", lido para a Associação Educacional de Trabalhadores, em maio de 1940, na cidade de Brighton and Hove, no sudeste da Inglaterra. (N.T.BR)

seguinte se veja livre de um complexo ou outro. "Eles [os que se dedicam a esse trabalho] destruíram o romantismo do *gênio* dos grandes homens ao se diminuírem [por meio das suas autobiografias]." Em vez de psicanalisar a sociedade, quem escreve, laboriosamente, faz uma autoanálise. Virginia pensa: "Há males que vêm para bem." Todos os escritores contemporâneos são infelizes, reflete. Por isso pintam a contemporaneidade com cores tão sombrias. Um luto de cores. Quem sabe esse quadro clínico seja oferecido pelos próprios escritores; diagnóstico feito de quem e para quem escreve. Por acaso os músicos e os pintores estão na mesma situação? Ao contrário, a senhora C., que vive no seu pequeno *cottage* cultivando as suas hortaliças, deve se sentir muito distante desse estado anímico. Tão longe que lhe parecerá tão incompreensível quanto uma pintura abstrata.

No que cabe a mim, me pergunto se o *diplodocus* [dinossauro] se sentia feliz na era secundária. Se tinha ou não um pessimismo premonitório. Em todo caso, se desapareceu da superfície da terra, sem se dar conta do que acontecia, foi graças a certa escassez. Feliz *diplodocus*. Quem escreve não pode esperar um destino tão benigno. É o preço que se paga pela massa encefálica. Nos Estados Unidos e na Rússia (com mais razão), o escritor da Leaning Tower, o escritor que corresponde ao meio da *Nouvelle Revue Française*,[46] está condenado — hoje muito mais do que quando Virginia vivia — ao melancólico destino dos grandes dinossauros.[47]

---

46 Referência à revista francesa NRF, fundada no começo do século XX por alguns intelectuais, entre eles André Gide. Foi criada para ser oposição às instituições culturais hegemônicas na época. (N.T.BR)
47 Sobre este tema não me cansarei de recomendar a leitura do extraordinariamente lúcido ensaio de Dwight Macdonald intitulado: "Cultura de massas" (*Diógenes* [revista editada pela Editorial Sudamericana], abril-junho de 1953): "A cultura de massa assume a cor de duas variedades da antiga cultura superior: academia e vanguarda, enquanto elas se

Será que ele mereceu? Mas o dinossauro teria merecido? Por acaso não somos brinquedos nas mãos de forças desconhecidas, de leis obscuras *"que rien ne déconcerte et rien n'attendrit"*?[48] Ou podemos exercer alguma influência sobre isso? Esse é o "x" da questão.

---

veem cada vez mais regadas pelos elementos de massa. Lentamente está vindo à tona uma morna e flácida cultura média que ameaça engolir tudo com seu limo crescente... [Oh, *Reader's Digest* de toda índole!] Isso não significa um levante do nível da cultura de massa como poderia parecer à primeira vista, mas sim uma corrupção da cultura superior." Dwight Macdonald aponta o abismo que separa a antiga e brilhante arte popular, a cultura das pessoas simples, da "cultura de massa", instrumento de domínio político para uns e de exploração monetária para outros (propaganda, comércio). Esta última floresce espetacularmente nos dias de hoje nas duas grandes nações chamadas a decidir o destino do mundo moderno: EUA e União Soviética, com as características próprias do *way of life* [estilo de vida] de cada uma delas. A pressão da cultura de massa (ou de quem a impulsiona e favorece), arma política ou fonte de dinheiro, converteu, por exemplo, Walt Disney, talentoso criador do inesquecível Mickey Mouse, no sentimentalóide, pretensioso e vulgar fabricante das mercadorias hollywoodianas chamadas *Branca de neve, Fantasia, Sinfonias ingênuas*. E o que falar dos escritores envolvidos em outro bando — há dois ou três com verdadeiro valor — que prostituíram a sua musa na propaganda mais descarada? Por que citar nomes?! Todo mundo os conhece. Entre os seus primeiros escritos e a maioria dos atuais (dos que estão contaminados pelo prurido da propaganda) existe a mesma diferença que entre o travesso e fascinante Mickey Mouse e a cromática Branca de neve, digna de figurar no mais ordinário e horripilante dos álbuns. Apenas Picasso conseguiu superar a prova vitorioso. Claro está, graças à sua autêntica genialidade. É disso que se precisa para sair do atoleiro, e às vezes nem com isso é possível. Que artista pode prosperar em um país onde, como observa Dwight Macdonald (referindo-se à União Soviética), as autoridades políticas instruem o escritor em matéria de estilo, o diretor cinematográfico no que cabe à montagem, e o compositor na maneira de usar (ou não usar) a polifonia e as dissonâncias? E Dwight Macdonald não é indulgente com seu próprio país, que critica com a mesma severidade. Considera que a cultura, tanto na União Soviética quanto nos EUA, foi e é continuamente rebaixada pela pressão da "cultura de massa". No entanto, há um saldo favorável para os EUA: "Nos Estados Unidos, os artistas, escritores, intelectuais com obstinada vocação ou com algum dinheiro [para viver] podem ignorar o mercado comercial e produzir trabalhos decentes; na União Soviética não tem escapatória: o artista não pode criar de forma independente aos direcionamentos do Comitê Central, uma vez que as galerias de arte, as orquestras e as salas de concerto, os teatros, os livros, as editoras e os jornais dependem do Estado." (Nota da autora)

48 "Que nada desconcerta nem nada comove." Victor Hugo, "À Villequier", in Helena Carvalhão Buesco, *O mundo lido: Europa (Volume 3)*, Lisboa: Tinta da China, 2018. O verso é do livro *Les Contemplations*, de 1856. (N.T.)

"Acho que para nós, os modernos, nos falta amor. Nossa tortura faz com que nos desvirtuemos", se inquieta Virginia. D. H. Lawrence, filho de um pobre mineiro, consequentemente autodidata, assemelhando-se às mulheres de sua geração, tinha profetizado que o mundo esperava por um grande movimento de generosidade ou uma grande onda de mortes. Na nossa época, a falta de amor não acaba sendo, por um lado, a condenação à morte do artista e, pelo outro, a das nações? As duas capacidades de Virginia Woolf que destaquei, cair como uma pedra (ensaios) e pousar certeira como um pássaro (romances poéticos), são encontradas em cada uma das páginas do seu *Diário*. É curioso comprovar que o amor, ou as meditações sobre o tema, não ocupa nenhum lugar nessas 365 páginas bastante densas. A censura de Leonard Woolf interveio nisso? Qual o motivo de uma ausência tão flagrante?

A DAMA DO UNICÓRNIO

Assim como na obra de Madame de Lafayette[49] — em que a relação da paixão, do amor-paixão e da existência tomam conta do espaço —, nesse *Diário*, cruel desse ponto de vista, a relação de quem escreve com a vida é o que realmente importa. O amor — seja referindo-se à paixão amorosa com maiúscula, seja referindo-se a amoricos com minúscula, como lembranças de paixões que todos os seres humanos já experimentaram no percurso da sua existência;

---

49 Madame de La Fayette (1634-1693), foi uma escritora francesa, o seu livro mais famoso é *A princesa de Clèves* (cuja identidade da autora só foi revelada no final do século XVIII), publicado no Brasil pela editora da Universidade de São Paulo (Edusp), com tradução de Leila de Aguiar Costa. (N.T.BR)

ou seja, referindo-se, sem rodeios, à questão sexual, tão abertamente discutida no nosso tempo e colocada à mostra pelos Relatórios de Kinsey — o amor, repito, se faz presente nesse livro póstumo como um convidado que deixa a sua cadeira desocupada em um jantar. Nossos olhos se dirigem continuamente ao lugar vazio. *A pessoa deveria estar ali*, pensamos. Brilha no ágape por seu eclipse. Está presente de maneira particularmente visível justamente pela ausência.

Por quê?

Essa intransponível reserva puritana também está presente na parte do *Diário* que não foi censurada? Não seria improvável. Encontra-se nos romances de Virginia Woolf, mesmo sob a máscara da ficção. Em algum lugar do *Diário* lemos: "Sinto como se deixasse cair todos os meus vestidos de baile [o plural surpreende aqui] e ficasse nua — coisa que, segundo me lembro, era muito agradável de se fazer." Essa é uma sensação cujo equivalente nunca encontramos nos seus escritos. Virginia Woolf sempre aparece coberta pelas maravilhosas pregas de um tecido caro de bom caimento. Está sempre tão vestida como *A dama do unicórnio*, e não podemos imaginá-la vestida ou desvestida de outra maneira. Ela é *A dama do unicórnio* das letras contemporâneas, com fundo de *verdure*, ao estilo da tapeçaria. Não há nada nela que possamos associar aos nus de Ticiano, Fragonard, Rubens (meu Deus!), Cranach, Manet, Ingres. A grande "noite", de Michelangelo, "*façonnée aux bouches des titans*",[50] parece pertencer a outra espécie animal.

Três coisas voltam como *leitmotivs* importantes no seu *Diário*: a arte de escrever; a realidade, o que ela chama de *reality*; e o Tempo, que às vezes se converte na Idade.

---

[50] "Ao gosto dos Titãs sedentos!", do poema "L'idéal". Charles Baudelaire, *Flores do mal*, trad. Ivan Junqueira, Rio de Janeiro: Nova Fronteira, 2013. (N.T.BR)

"Eu *insubstancializo* voluntariamente, e até certo ponto, pois desconfio da realidade barata." O barato é o realismo. E, por adição, é falso. Tenho ou não tenho o poder de traduzir a *realidade*, aquela que é verdadeira?, se pergunta. Mas o que é a realidade? Em um primeiro momento acredita que é uma questão de perspectiva. Os escritores colocam a realidade a tal ou tal distância. Exemplo de distâncias diferentes: Emily Brontë e Defoe. O intelecto seria, então, uma espécie de máquina fotográfica. É preciso regulá-lo para que o objeto fotografado por ele, colocado a uma certa distância, não fique fora de foco. A realidade fotografada a um metro de distância exige uma abertura de diafragma diferente da realidade fotografada a dez metros e assim sucessivamente. A realidade do vidro que temos na frente do nosso nariz ao olhar pela janela não é a mesma da árvore que o vento sacode lá no jardim. É preciso escolher. E quem escolhe o vidro defende que quem escolheu a árvore não tem senso de realidade, e vice-versa.

A REALIDADE EM VIRGINIA E A MESCALINA EM HUXLEY

Qual terá sido a realidade de Virginia Woolf? A que distância a colocava, quem sabe, de maneira involuntária? (Suspeito que não se deve falar em escolhas nessas situações.) Em um verão, de agosto, complemento para ser mais precisa, alcançou uma "consciência do que eu chamo de *realidade*: uma coisa que vejo diante de mim, algo abstrato, mas que reside nos *downs*[51] ou no céu; junto à qual nada

---

[51] Nome intraduzível que se dá às terras onduladas (espécie de vales) características de Surrey, Kent e Sussex, no sul da Inglaterra. (N.T.)

importa, na qual descansarei e continuarei existindo. *Chamo isso de realidade*. E às vezes tenho a impressão de que essa é a coisa que mais preciso. O que eu procuro". Mas que difícil capturar com palavras essa visão quando ela tenta fazê-lo! Como a sensação rápida e fulgurante escapa ao nosso vocabulário! No entanto, *isso* é a realidade, pensa. Mas se alguém quer escrever, que difícil "não ficar convertendo em *realidade* isso e aquilo, quando consiste apenas em uma coisa". Sim, apenas uma coisa. E Virginia tende nessa direção, ainda que aprecie muito os pequenos prazeres que a vida lhe oferece. "Saboreio os costumes epicuristas da sociedade." A sua busca é impulsionada por uma necessidade imperiosa. Mas busca pelo quê? Dessa coisa, *da* coisa da qual pudesse dizer "é *isso*". Busca... "mas não é isso, nem isso". E, de repente, sem saber como nem por quê, quando menos espera, lá está, "é *isso*". Como aconteceu?

Certa noite ela caminhava pela Russel Square e ao erguer os olhos viu montanhas no céu, grandes nuvens, a lua (a mesma que aparece na Pérsia). Então teve o sentimento (não era um pensamento) de que tinha alcançado, em uma caminhada banal pela Russel Square, alguma coisa que não procurava naquele exato momento:

> Uma sensação intensa e assombrosa de que algo que está aqui é *isso*. Não se trata exatamente de beleza. Se trata de que a coisa em si basta: é satisfatória, completa. Também está aqui uma sensação da minha própria estranheza, enquanto caminho sobre a terra, dando passos ao longo da Russel Square com a lua lá em cima e aquelas montanhas de nuvens... Aquela lua que aparece na Pérsia.[52] A mesma.

---

52 "O rudimento mais simples da experiência mística seria aquele sentido aprofundado da significação de uma máxima ou fórmula que, de vez em quando, passa por nós... Esse sentido de significação mais profunda não se restringe a proposições racionais. Palavras

Enquanto escrevia essas notas na margem do *Diário*, chegou para mim, vindo da Califórnia, o último livrinho de Aldous Huxley, *The Doors of Perception* [As portas da percepção], e por uma daquelas coincidências que chamamos de extraordinárias, ainda que aconteçam com frequência, a obra chegou a tempo de esclarecer algumas perguntas que eu me fazia, ou, pelo menos, para me fazer colocar foco na questão com maior nitidez. O que Virginia chama de *reality* e que parece se aproximar mais do mundo dos sonhos — principalmente para certos *esprits forts*[53] — é, em suma, um dos principais temas do livro, um dos enigmas que trata de elucidar (se é que se pode tentar dar explicações a experiências "*dont l'espirit humain n'a jamais su le nom*"[54] e que não encontram o seu equivalente com a ajuda de drogas e nem explicação no nosso paupérrimo vocabulário).

Em 1886, Louis Lewin[55] publicou um estudo, o primeiro, sobre as virtudes de certos cactos do deserto mexicano, já utilizados na época como uma poderosa droga pelos indígenas da região. Cientistas, com o olhar voltado para essa pista, se propuseram a investigar as propriedades medicinais do novo alcaloide. Foi batizado com o nome de mescalina. Menos tóxico que outras substâncias da farmacopeia moderna, não vicia e não é preciso pagar com a *hangover* [ressaca]. A nova substância, antiga para os indígenas, altera o estado da consciência com mais poder que qualquer uma das drogas fabricadas até o presente. Psiquiatras e psicólogos, na

---

singelas, conjunções de palavras, efeitos de luz na terra e no mar, odores e sons musicais, tudo o provoca quando a mente está corretamente afinada." (William James, *Variedades da experiência religiosa: um estudo sobre a natureza humana*, trad. Octavio Mendes Cajado, São Paulo: Cultrix, 1991.) (Nota da autora)
53 Alguém que desafia as ideias do senso comum. (N.T.BR)
54 "Cujo nome jamais o ouvido humano escuta." Poema "Le Voyage", de Charles Baudelaire, op. cit. (N.T.BR)
55 Louis Lewin (1850-1929) foi um farmacologista alemão. (N.T.BR)

ansiedade por sondar não apenas o mecanismo dos transtornos mentais, mas também o mistério do espírito humano em geral, seguiram com afã o seu rastro. Foi o acaso que colocou um dos pesquisadores no caminho de Aldous Huxley, que se ofereceu para servir de cobaia uma vez. E foi assim que, em maio de 1953, Huxley recebeu uma dose bem estabelecida de mescalina e foi possível observar os efeitos do alcaloide nele. O resultado da experiência foi, entre outras coisas, o texto de *As portas da percepção*.[56] Tudo o que Huxley disse sob o efeito da droga — o interrogavam continuamente — foi registrado por um aparelho. Em seu valioso livrinho, nos lembra que cada homem é, no que tange a sensações, sentimentos, fantasias, *insights*, um universo incomunicável:

> A mente não está em lugar algum senão nela mesma, e os lugares habitados pelos dementes e pelos excepcionalmente dotados são tão diferentes daqueles onde vivem os homens e mulheres medianos que não existe entre eles um território comum de memória que sirva como base para a compreensão ou a *fellow feeling*[57]. As palavras são pronunciadas, mas nada esclarecem. As coisas e eventos aos quais os símbolos se referem pertencem a esferas de experiência mutuamente excludentes.[58]

Como poderíamos visitar o mundo que Blake, Swedenborg, Johann Sebastian Bach encontram em *suas* casas? Existe uma experiência interior do mesmo modo que existe uma exterior. A primeira é intraduzível.

---

56 Aldous Huxley, *As portas da percepção*, trad. Marcelo Brandão Cipolla e Thiago Blumenthal, São Paulo: Biblioteca Azul, 2015.
57 "comunhão de sentimentos" (N.T.)
58 A. Huxley, op. cit.

Sigamos com Huxley depois de ter tomado mescalina. Ele olha para três flores que, por acaso, estavam no quarto. As flores se transfiguram (é assim que os grandes artistas transfiguram até mesmo o objeto mais simples e se comovem ao descobrir neles um quê de resplendor interior: como Vermeer), são o grão de areia de Blake. "Um pensamento enche a imensidão." Huxley já não vê com os olhos, mas através deles, como diria o próprio Blake. Perguntam: "É bom?" Responde: "Nem bom nem ruim, simplesmente é" (*It just is*). São quase as mesmas palavras de Virginia, o "*this is it*" ["é isso"] que lemos no seu *Diário*. A diferença é que a tônica recai sobre o *is* [é] em Huxley e sobre o *it* [isso] em Virginia. Ela também tentou explicar que não se trata exatamente de beleza. "A coisa em si basta." Ela compartilha dessa sensação avassaladora (e inesquecível, eu sei) "da própria estranheza" que Huxley chama em termos de um vocabulário mais adequado de experiências "ser o meu não eu".

O que é, pergunta um novato em um Mosteiro Zen, o *Corpo de Darma* ("a mente", traduz Huxley) do Buda? E o Mestre responde com a rapidez e aparente inconsistência dos irmãos Marx: "A cerca viva no fundo do jardim." Virginia teria respondido: "As nuvens sobre a Russel Square..." E teríamos entendido.

Se Huxley olha para uma cadeira, uma mesa, durante o experimento, ele as vê mais como um Braque, um Juan Gris, do que como essas "*commodités de la conversation*"[59] que nos são familiares. No começo, predomina o lado puramente estético. Depois, até isso se torna desinteressante e desaparece. Aqueles móveis e objetos que não tinham nada em particular antes da mescalina dão a Huxley o que ele chama, por falta de outras palavras, de uma visão sa-

---

59 "*Commodités de la conversation*" é o nome dado para as cadeiras em "Les précieuses ridicules" (peça de comédia, em um ato), de 1659, de Molière (1622-1673), dramaturgo francês. (N.T.)

cramental da realidade. Sem dúvida, se trata de uma visão próxima daquela que Virginia conheceu sem mescalina.

A coisa que ela vê nos *downs* e no céu, a coisa junto da qual nada mais importa, a coisa onde descansará e continuará a sua existência, essa coisa é certamente "um infinito que ultrapassa todo o entendimento e, não obstante, pode ser apreendido de modo direto e, de certa maneira, total", segundo o que define Huxley. Quando Virginia fala de "um sentimento geral da poesia da existência", sentimento que a invade cada vez com maior frequência, não posso deixar de relacionar o que ela sente com o que Huxley vê sob o efeito da mescalina: uma sombra sobre uma parede branca é o suficiente para o Êxtase; uma sombra como, quem sabe, a viu Guardi. Assim o nada se enche com "todo o sentido e o mistério da existência".

Uma exuberante andaluza, cozinheira de uma amiga minha, exclamou quando lhe mostraram uma obra extraordinária de Picasso: *"Es una naa pintá"* ["É um nada pintado"]. Esse *naa pintá* é o que a mescalina ajuda a perceber segundo a experiência de Huxley, é o que o gênio, sem recorrer às drogas, capta e traduz, é o que o santo, com maior intensidade, vislumbra. Todos nós estamos em diferentes degraus da escada, e o santo vê mais porque está mais no alto.

EXPERIÊNCIAS INCOMUNICÁVEIS

A felicidade, tal como Virginia a conheceu, ou como trata de descrevê-la, deve ter tido a sua base nessa capacidade de ter visões fugidias. "Ninguém poderá dizer que eu", ela escreve, "não conheci a felicidade perfeita, ainda que poucos consigam apontar o seu momento exato e explicar do que ela era feita. Eu mesma", continua, "só poderia dizer: 'Isso é tudo o que eu quero.'"

Esse "tudo o que quero" deve se referir a algum daqueles estados, a alguma daquelas visões — as nuvens, os *downs*, o céu —, experiências incomunicáveis em que parece que nos deparamos com uma realidade irreal, mais verdadeira do que tangível; a realidade única, indivisível, que esperávamos alcançar ansiosamente e que impregna misteriosamente até os mais simples objetos da vida cotidiana. Os artistas mais renomados dão testemunho disso a seu modo. Van Gogh a viu em uma ordinária cadeira de palha, daquelas em que outros nem prestam atenção nas cozinhas e que seu pincel transfigurou. E isso é só um simples emblema, diz Huxley.

Mas ao lado dessa felicidade — que eu chamaria *joie*,[60] acompanhando Pascal e Bergson —, quanta angústia! Virginia poderia ter escrito os versos de Blake:

With silver angels across my way
And golden demons that none can stay...[61]

Não se mede a intensidade dos sofrimentos secretos, os que não se exibem como o luto em um braçal, a não ser por comparação, quando um sofrimento público nos faz objeto de pêsames protocolares ou de compaixão sincera. Então nos surpreendemos:

Por que agora...? Se não agora, quando deveriam se apiedar de nós? Esta dor, a perda das coisas queridas, uma grosseira injustiça suportada, a prisão que pode ser medida em termos de ferrolhos e tijolos, o que é isso tudo, meu Deus, comparado às perseguições, às desapro-

---

60 "Alegria acompanhada da ideia de criação." (N.T.BR)
61 "Com anjos prateados em meu caminho/ E demônios dourados que ninguém pode deter..." Tradução para os versos do poeta inglês William Blake, enviado por carta, em 22 de novembro de 1822, para Thomas Butts, principal mecenas do poeta. (N.T.BR)

priações, às agonias, ao terrível cativeiro sem trancas nem paredes quando ninguém se condoía de nossa sorte, pois nossos males não eram tangíveis?

Virginia conheceu essa prisão da qual ninguém, senão nós mesmos, pode nos abrir as portas. Nela se sentiu incomunicável. Primeiro, a prisão do silêncio, de um silêncio que não era material, uma solidão interior que ela desejava analisar... sem conseguir. Ela tenta nos explicar a sensação: "Caminhava por Bedford Place... hoje à tarde, e me disse algo ao estilo de: como sofro! E ninguém sabe que eu sofro enquanto caminho por esta rua, entregue à minha angústia... sozinha... lutando sozinha contra alguma coisa." Escreveu isso em 1929. Portanto, já conhecia o sucesso, sua carreira de mulher das letras era brilhante; seu casamento, feliz, com um homem que a compreendia e admirava; estava rodeada de amigos inteligentes e talentosos; Vanessa era uma irmã incomparável. E, no entanto... ali a vemos, caminhando sozinha por Bedford Place e morrendo de tristeza, sem nenhum motivo, assim como sem nenhum motivo se sentiu preenchida naquela noite em que, também sozinha, caminhava pela Russel Square. [62/63]

---

62 Almas caridosas de ambos os sexos, se é que é possível atribuir às almas tão terrestres diferenças, não deixarão de exclamar: "Se essa mulher tivesse cinco crianças para dar banho, vestir e acompanhar até o colégio, e pratos para lavar, e compras no mercado todas as manhãs etc. etc., não teria tido tempo de inventar essas desgraças. Tudo isso é um luxo!" Um momento, almas caridosas: Virginia era capaz, como Emily Brontë, de realizar as tarefas domésticas. Em 1941, escreve: "Hoje, batalha ganha contra a depressão (espero) limpando a cozinha e mandando artigos para N. S." Em 1934, escrevia para mim: "O bebê da faxineira está com sarampo. Tenho que cozinhar. Então venha jantar na terça às oito." É claro que ainda existem muitas senhoras ociosas que se irritam porque não têm outra ocupação. Mas esse não é, de jeito nenhum, o caso da nossa escritora, autora de 22 livros. Seu trabalho a absorvia totalmente e, como eu já disse, quase de maneira enfermiça. Se não deixou filhos da sua carne, os deixou do seu espírito. (Nota da autora)
63 Victoria Ocampo traduz do inglês para o espanhol uma frase de uma carta enviada por Virginia Woolf. Neste livro, pode-se ler a carta completa com tradução de Emanuela Siqueira. Ver p. (N.E.BR)

Não faltarão críticos para atribuir a uma saúde frágil essas repentinas mudanças de humor, exaltações e depressões ("meu sistema nervoso estranho e sofrido", "Ninguém deve ter recebido tantos altos e baixos do próprio corpo como eu", "Até que ponto nasci melancólica?! A única maneira de me manter viva é o trabalho"). Quanto a mim, acredito que sua origem e seu significado vão mais longe e em outra direção. Não podem ser reduzidos a distúrbios funcionais, ainda que, às vezes, estes entrem em cena.

Quem lê e admira Tolstói — estou entre essas pessoas — se lembrará de sua crise aos cinquenta anos. As circunstâncias exteriores não apresentavam nenhuma justificativa. Ele e a esposa se amavam. Tinham filhos que lhes davam alegrias, eram donos de propriedades valiosas, uma fortuna que aumentava sem que precisassem trabalhar. Tolstói era famoso, respeitado, admirado por conhecidos e desconhecidos. Nem doente, nem demente, nem com uma saúde frágil, o grande romancista gozava (ele mesmo o reconhece) de um vigor físico e mental que lhe permitia trabalhar intelectualmente oito horas por dia sem sentir o menor cansaço. Escutemos o que ele diz: "Olhem para mim: um homem feliz e saudável, escondendo a corda para não me enforcar nas vigas do quarto onde durmo sozinho todas as noites; olhem para mim, já não vou mais caçar, para não ceder à fácil tentação de me dar um tiro."

É possível ser uma pessoa saudável e equilibrada a vida inteira — com alguma coisa daquilo que Barrès denominava desdenhosamente de o magnífico equilíbrio dos imbecis — e, no entanto, conhecer e reconhecer com poucas palavras os estados, a exaltação e a depressão que Virginia se empenha em traduzir em palavras. Eu garanto. O universo no grão de areia de Blake; a alegria aparentemente sem motivo de Virginia, na

Russel Square, ao olhar para as nuvens e a lua; o deslumbramento inexplicável de Huxley diante de uma flor qualquer ou da dobra de um tecido, falam de um mundo que não me é estranho. Depois de sua incursão pelos rincões da mescalina, Huxley reduz certos estados, certas percepções, a fórmulas, a enunciados articulados e precisos de maneira admirável (ainda que não seja certo falar de precisão quando se trata de "*l'obscure clarté qui tombe de étoiles*"),[64] porém, sob domínio do intelecto, é condenado pela sua própria natureza a pagar tudo em moeda *ersatz*.[65] Huxley, particularmente consciente das limitações de seu modo de conhecimento (o do intelecto), sabe o quanto valem os *ersatz*. Sabe também, e isso é o mais importante, que sem recorrer à droga[66] e sem estar suficientemente preparado para o manicômio, o homem pode chegar a ver o que viu Adão na manhã da criação — para usar a sua imagem poética —: "o milagre incessantemente renovado da existência nua".

Só é possível falar desses estados por experiência própria, e o que caracteriza tais experiências é o seu caráter de incomunicabilidade. "Todo espírito encarnado está, por sua própria natureza, condenado a sofrer e gozar na solidão." Os santos, que experimentam um grau desconhecido por nós essas visões furtivas, também não sabem falar de maneira con-

---

64 "A obscura luz das estrelas", da peça *Le Cid*, apresentada em 1636, de Pierre Corneille, dramaturgo francês conhecido por suas tragédias. Trad. Antônio Meurer, Jandira: Ciranda Cultural, 2021. (N.T.BR)
65 Remete à ideia de substituição, falsidade/falso, de fraude cometida por alguém que hipoteca o que não é seu. (N.T.BR)
66 Huxley esclarece: "Não sou tolo a ponto de identificar o que ocorre sob a influência da mescalina ou de qualquer outra droga, preparada ou preparável no futuro, com a realização do fim e do objetivo último da vida humana: a Iluminação, a Visão Beatífica." Op. cit.

creta sobre elas. O fazem por meio de alusões, como os poetas eternamente apegados a metáforas, em termos de "não sei o que ficam balbuciando". E nós, pobres pecadores, que, sem o merecer, captamos apenas um longínquo resplendor dessa luz, sabemos apenas aquilo que nos ensinou a compreender menos superficialmente aquele verso de San Juan de la Cruz:

Saí clamando atrás de ti e tu já havias partido...

Se invoco a minha própria e frágil experiência na matéria é para testemunhar a favor de Virginia Woolf, que, suspeito, não relaciona esses fatos com o mundo místico tanto quanto eu.

Quero dizer que tenho razões para não atribuir os seus estados de alma a perturbações do sistema nervoso, mas a uma exaltação de outro tipo, seja qual for o nome que lhe caiba (exaltação que repercutia no físico, e não ao contrário); razões fundamentadas em experiências diretas que a razão não compreende porque estão, não contra, mas sobre ela ou, se preferirem, em outra frequência.

E isso é tudo.[67]

---

67 Carta de Jacques Rivière a Alain Fournier (dezembro, 1906): "Que necessário é, meu amigo, que você sinta minuciosamente a profundidade de cada coisa, de sua repercussão, de sua perspectiva!... Que triunfo se triunfa, se restitui, solidificando em palavras esse duplo que se entrevê por trás da vida. Imagino que, ao ler o que você escreve, alguém sentirá uma espécie de calafrio — ao notar que algo tão obscuro se tornou tão imediatamente presente, tão urgente... Por que não haveria de existir essa paisagem que eu discirno, que eu sinto por trás de toda a aparência? *Por que deveria ser menos real?*" (Nota da autora)

O TEMPO

Salvo em suas exaltações transitórias, Virginia não conheceu a indiferença ao tempo, um dos efeitos imediatos da mescalina, segundo Huxley. O tempo, a ideia de tempo — que às vezes se traduz em preocupação com a idade —, aquele que o nosso coração humano mede com as batidas (pois, para o coração, o tempo dos relógios resulta falso) a persegue. Como suspira Calvino: "*Je me vois continuellement m'écouler*".[68] Sim, há momentos, fagulhas de momentos, em que ao ver os *downs*, o céu, encontra paz; sente que a sua existência continuará neles. O tempo se apaga. Existência e duração já não são a mesma coisa. Virginia escapa da duração na pura existência. Escapa por um instante: eternidade. Prova aquilo que Proust chamava de um minuto livre da ordem do tempo. Mas a recaída no tempo é ainda mais dura depois da evasão. Acaba caindo nele com todo o seu peso, o da lei da gravidade. E a vemos afundar em reflexões que à primeira vista parecem incompatíveis com os cumes entrevistos; incompatíveis, quero dizer, com um ser capaz de tais arrebatamentos.

O Tempo... a Idade! Sempre volta ao tema. Aos cinquenta anos se perguntava se teria ainda mais vinte para trabalhar. O desejo de escrever a devora. E "este sentimento devastador da brevidade febril da vida" faz com que se agarre como uma náufraga ao trabalho. Queria analisar, como outros, o amor, as diversas etapas da velhice, o envelhecer: terror permanente para uns, fatalidade aceita, de maneira intermitente, para outros. Queria descrever essa cruel galeria de espelhos que atravessamos, tratando de não olhar para nós mesmos, e que nos conduz à morte: "Encarar a idade como uma

---

68 "Eu me vejo fluindo continuamente." (N.T.)

experiência diferente das outras e registrar cada uma das etapas graduais em direção à morte, que é uma experiência tremenda, e cuja chegada não é tão inconsciente como a do nascimento."
Já em 1926, Virginia se imagina velha e feia, está melancólica. Em 1939, eu me deslumbrava com a sua beleza e a sua conversa. Lendo seu *Diário*, entendi, finalmente, a causa da sua irritação quando insisti, na minha passagem por Londres poucos meses antes da guerra, que se deixasse fotografar.
Como, vendo-a tão cheia de encanto (não acho que a Virginia dos vinte anos fosse mais sedutora), poderia suspeitar do seu complexo? Aos 47 anos (1929) faz um balanço dos seus mal-estares, que serão ainda maiores, adverte a si mesma. Não são grande coisa. Se limitam ao uso de óculos para ler. Comprova que escuta bem. Faz, como de costume, longas caminhadas. Em suma, tudo anda bem, a não ser a necessidade de usar óculos. Mas logo terá que se deparar com "a idade crítica". O que trará? Como suportará? Faz todo o tipo de perguntas para se tranquilizar. Talvez seja uma curva perigosa, mas, no final das contas, se trata de um "processo natural". Em nada afetará as suas faculdades. Ela repete para si mesma. Ela repete muito. É possível notar o seu temor de um colapso nervoso, o que sofreu antes da guerra (a de 1914). No entanto, pensa, as pequenas enfermidades foram experiências férteis para ela. Assim também acontecerá na idade crítica, ela diz a si mesma para se conformar. Assim deve ter acontecido; mais da metade dos livros de Virginia — e alguns dos melhores — foram escritos durante e depois da chamada idade crítica. Não volta a falar sobre o assunto no *Diário*. Pelo menos não explicitamente.
Uma pena que uma mulher tão cheia de inteligência, sensibilidade, e capaz de usar a palavra como ela, não descrevesse as etapas graduais dessa curva. Por que não o fez? Pois, do mesmo modo que a chegada gradual da morte é um processo menos inconsciente

que o nascimento, a passagem para a velhice certamente é mais consciente que a passagem para a puberdade.

A primavera é a estação das surpresas bruscas. A árvore, que na véspera parecia apenas uma madeira escura, amanhece verde e terna diante dos nossos olhos atônitos. No entanto, o outono é lento. As folhas demoram bastante tempo para amarelar e caem dos galhos com desânimo. O outono é um errante. As pessoas já não têm pressa, ainda que saibam que não têm tempo para dizer: "Tenho tempo". Nessa estação, finalmente, é possível ver o que nos rodeia por fora e por dentro: "*Examiner en soi les vérités profondes et regardes les fleurs qui sont sur le gazon*".[69] Antes, quando sobrava tempo, não o tinham. O tempo era suficiente para viver.

O suficiente para viver! No entanto, durante uma guerra se tem o tempo suficiente para morrer. Virginia Woolf, que passou pela guerra de 1914, não veria a repercussão da de 1939, que provavelmente também nós não vejamos: não acabou com a bomba de Hiroshima. Ficou suspensa sobre as nossas cabeças.

OH, MORTE!

Os Woolfs passavam as férias de verão em uma casa de campo em Rodmell (Sussex), perto do mar, isto é, em uma região exposta aos bombardeios e aos possíveis desembarques de inimigos. Em

---

69 "Examinar em mim as verdades profundas/ E contemplar as flores que crescem no campo". Victor Hugo, "À Villequier", in Helena Carvalhão Buescu (Org.), *Literatura-mundo comparada: Perspectivas em português II*. Lisboa: Tintas da China, 2018. O livro do Victor Hugo de onde saiu o verso é o *Les Contemplations*, de 1856. (N.T.BR)

maio, Virginia me escreveu daquele precário refúgio: "[...] Se Londres ainda existir e estivermos vivas, na próxima vez que vier para a Inglaterra, venha me visitar na nova casa — se não for bombardeada —, no número 37 da Mecklenburgh Square. Até mesmo aqui, perto da costa, os alemães podem chegar".[70] Se estabeleceram em Rodmell: a guerra os tinha surpreendido em plena mudança. Em agosto de 1940, Virginia anota no *Diário*: "A Inglaterra foi atacada. Ontem, pela primeira vez, fui invadida por completo por esta sensação, uma sensação de opressão, de perigo, horror." *Sinto muito medo?*, se pergunta. De maneira intermitente, sim. O trabalho sofre as consequências. Às vezes, se torna custoso. Diante de certas circunstâncias, é preciso muito esforço para se concentrar. Em 10 de setembro, os Woolfs vão passar o dia em Londres e encontram a Mecklenburgh Square interditada. Uma bomba caiu na casa vizinha à deles e outra na mesma quadra, mas esta ainda não tinha explodido. As pessoas do bairro, que tinham se escondido nos porões quando os alarmes soaram, estão soterradas debaixo dos escombros. Alguém diz para Virginia: "E ainda acham que *assim* vão nos obrigar a aceitar a paz." De volta a Monk's House, ela continua em seu *Diário*: "Eu tinha me achado uma covarde por sugerir que não dormíssemos duas noites na Mecklenburgh Square, 37." Agora as casas que rodeiam a praça precisam ser evacuadas. Diante dos olhos de Virginia, um avião é derrubado em Rodmell. O clima de invasão é mais denso e tenso a cada dia. Ao saber que os vidros das suas janelas estão quebrados, que suas porcelanas viraram cacos, que o teto da sua casa nova desmoronou (a famosa

---

[70] Tradução do inglês para o espanhol por Victoria Ocampo. Encontra-se neste livro a carta na íntegra, com tradução de Manuela Siqueira. Ver p. 84. (N.E.BR)

bomba tinha acabado de estourar), Virginia repete: "Precisamos de toda a nossa coragem." Escreve o ensaio *Madame de Sévigné*, lê, entre outras coisas. A cozinheira, depois de cinco anos de relações "mudas, nada fáceis, mas passivas e tranquilas", anuncia a sua partida. Com certeza, prefere morrer com os seus. Coisa natural. Uma responsabilidade a menos, pensa Virginia, aliviada. Um dia, enquanto caminha com seu marido pelo campo, um avião inimigo zumbe sobre suas cabeças. Instintivamente, ela se aproxima do companheiro. Deseja que pelo menos matem dois coelhos com uma cajadada só. Mas, apesar de uma vida de desalento contínuo, há momentos de felicidade. De repente, a sós com Leonard, se sente maravilhosamente *confortável e livre*.

Se pergunta por que diabos tiveram a ideia de se mudar da Tavistock Square. Mecklenburgh Square não trouxera sorte. Logo descobre que não teria sido melhor ficar na velha casa. No dia 17 de outubro de 1940, volta para a capital e encontra a sua casa de tantos anos transformada em um monte de escombros: "Conseguia ver de pé um pedaço da parede do meu estúdio: o resto, lá onde escrevi tantos livros, escombros. Um vazio onde nos sentamos tantas noites."

Há dois anos passei de novo pela Tavistock Square. No lugar onde estava a casa dos Woolfs: um terreno baldio, cercado. Parei na frente dele como se fosse um túmulo. Como Lily Briscoe pensando em Mrs. Ramsy morta, tive a sensação de que, se gritasse "Virginia", ela me escutaria, e quase não consegui me conter. Saí correndo.

O espetáculo das suas duas casas bombardeadas faz com que conhecesse "o alvoroço de perder posses". Estranho sentimento de liberdade pelo qual cada um precisa passar para não acusar aqueles que o invocam de exagero ou *afetação*. Mas por menor que tenha sido essa experiência é fácil compreender a reação singular: "Gostaria de começar a vida em paz, quase sem nada, livre para ir para qualquer lugar." Certamente ela alcançou a convicção de que os bens nos prendem e que não temos força o suficiente para nos desfazermos deles. Que estamos abaixo desse esforço e que tal incapacidade nos pesa. Virginia acaba desejando se ver livre até mesmo dos restos da Mecklenburgh Square. Seria um alívio.

Agora, por outro lado, a vida de seus pais lhe parece tão serena, clara e simples. Tão cheia daquela felicidade particular das casas que têm barulho de crianças. Aqueles que conheceram essa convivência, com suas brincadeiras, brigas, cantorias, horas de aula, férias, penitências, sua grande ternura compartilhada, guardam uma grande nostalgia desses momentos. Mas isso só acontece quando há amor verdadeiro na casa. Certamente ele existiu no lar dos Stephens.

"Olhe para todas as coisas bonitas pela última vez", repete Virginia Woolf. É como se estivesse à beira de um precipício. Não é apenas para o exterior que seu olhar se dirige procurando beleza, mas também para o interior e, por isso, volta ao passado.

"Foram muitos anos de tentativas até descobrir o que chamo de minha construção de vias subterrâneas, mediante as quais conto o passado por capítulos, à medida que preciso dele", explica a propósito de seus métodos de escrita. Agora, em sua última etapa, ela deve ter descoberto que o *tunnelling process*[71] se cumpre espontaneamente no que diz respeito ao nosso ser e que, por algum mecanismo similar ao dos vasos comunicantes, passado, presente e futuro se misturam e alcançam o mesmo nível a certa altura da

---

71   Refere-se ao processo de cavar túneis, uma técnica narrativa amplamente discutida nos estudos woolfianos. (N.T.BR)

vida. Então, nos tornamos pedras entalhadas com as cabeças de Jano ao chegar ao fim da *selva selvaggia*.[72]

Virginia escreve pela última vez em seu *Diário* no dia 8 de março de 1941, quatro dias antes da sua morte. Em Brighton, onde tomou o chá, ainda olha com admiração para um chapéu bonito em uma cabeça bonita. Se agarra ao mundo exterior. Quer escapar de si mesma: "Não quero introspecção." Faz um esforço por observar. Mas, ai!, também observa o seu desalento. Se tudo isso pudesse servir para alguma coisa!, pensa. De maneira desesperada, inventa distrações e programas: "E se comprasse uma entrada para o Museu e fosse diariamente de bicicleta para ler a História? E se escolhesse uma figura ilustre de cada época e escrevesse sobre ela? O essencial é permanecer ocupada." Se sente encurralada por uma ideia fixa. Procura uma saída. Entre os muros de uma prisão, as presas ociosas, com o ócio imposto, procuram arduamente um trabalho qualquer, pois sabem instintivamente que se ocupar é essencial para manter o ânimo e para suportar o Tempo, que sob ferrolhos parece ser infinito. Aqueles que privam as presas de ocupação também sabem disso. Vamos limpar o chão, lavar os pratos, arrumar as camas, juntar o lixo, contar até cinco mil, até dez mil, se for o caso, para dormir de cansaço na escuridão que aumenta a insônia.

Ah! Como é possível entender esta simples anotação de Virginia quatro dias antes do fim! "E agora, com certo prazer, descubro que são sete horas, tenho que preparar a comida." A presa encontra, finalmente, uma ocupação. Quatro dias antes do fim, cozinhar é uma trégua abençoada. São quase as suas últimas linhas. Cinco linhas mais acima, como sem querer, escreveu a palavra de-

---

[72] "Selva selvagem", referência ao livro *Divina comédia*, de Dante Alighieri. (N.E.)

finitiva: "*I will go down with my colours flying*" (cairei com a minha bandeira flamejando). Conhecemos o epílogo do *Diário*: um rio em Sussex, o Ouse. No entanto, o fim, o verdadeiro final do *Diário*, por acaso não foi escrito dez anos antes, na última página de *As ondas*?

> Me deixem sozinha...
> Me deixem tirar e jogar este véu do ser, esta nuvem que muda com o menor sopro...
> Que nome daremos para a morte?
> Acabei com as frases...
> Contra ti me lançarei invicta e indomável, ó Morte.

Já estava escrito que se lançaria contra a morte. Para mim, foi esse o ponto-final. No dia 7 de fevereiro de 1931, anota no seu *Diário*, como se fosse uma data inesquecível: "Acabo de escrever as palavras "ó, Morte", há quinze minutos." A onda cresceu, se ergueu, descreveu uma curva como se dobrasse antes de quebrar com violência, adornada de espuma. Por que esperar que uma vida não quebre na morte como qualquer onda em qualquer praia? E, no entanto, como é difícil aceitar isso. Que as vidas humanas sejam como as ondas parece, ao mesmo tempo, tão evidente e tão impossível.

AS BORBOLETAS

Nos conhecemos há vinte anos. O que ela representava para mim naquela época? A coisa mais valiosa de Londres. E o que eu terei sido para ela? Um fantasma sorridente, como também era o meu próprio país. Sua imaginação gostava destes jogos: "Você está quase voltando para a terra das grandes borboletas...",[73] escrevia para mim em Paris, quando soube da minha partida naquele ano. "Que estranhas vidas fragmentadas temos... que fantasmas! Mas não me deixe flutuando à deriva na neblina. Me conte o que você faz; com o que o campo se parece, e também a cidade, também o seu quarto, sua casa, até a comida, os cachorros e os gatos, com o que passa o tempo, este e o do mais além..." E algumas semanas depois: "A vejo a bordo jogando tênis com um senhor moreno parecido com o rei da Espanha. Me diga se acertei..." A ideia fantasmagórica que tinha da Argentina me divertia muito, e rimos juntas disso. Assim que cheguei a Buenos Aires, percorri lojas para procurar as mais delirantes borboletas: azuis, verdes, vermelhas, amarelas, marrons com pintas bonitas de outras cores, ou listradas como tigres-de-bengala e zebras. Todas aquelas asas tinham conhecido céus americanos: o da bacia do Amazonas, o do Peru e da Colômbia, o da Venezuela e da Bolívia, até do meu bairro, San Isidro. Foram colocadas em uma caixa grande, com tampa de vidro, e mandadas a Londres, com muitas recomendações, por meio de uma prima. Quando Virginia recebeu o pacote, me agradeceu com uma carta que tinha a sua cara:

> Duas misteriosas senhoras [minhas mensageiras não eram nada disso] chegaram ao *hall* quando eu me despedia de uma velha amiga a quem alçaram até a ridícula e exaltada posição de governador do Canadá (isto é, sua mulher): colocaram nas minhas mãos um grande pacote, murmuraram uma melódica mas inte-

---

[73] Como já mencionado, estes são trechos de cartas traduzidas do inglês por Victoria Ocampo, assim como a carta da citação seguinte. Neste livro você pode ler a tradução direta do inglês para português brasileiro. (N.T.BR)

ligível advertência de que tinham que entregar nas minhas próprias mãos e desapareceram. Demorei mais ou menos uns dez minutos para perceber do que se tratava o presente: borboletas sul-americanas. Nada poderia ter sido mais fantasticamente inadequado [se refere ao momento em que as recebeu]. Era uma tarde desagradável de outubro, e a rua estava alvoroçada. Uma fileira de luzinhas vermelhas marcava a valeta... e essas borboletas! E vinha gente para o jantar... só tinha tempo para trocar de roupa e descer ao *sitting room*, e colocar as borboletas em cima de uma cadeira, apoiadas no respaldo. De tempos em tempos, durante toda a noite (tínhamos E. M. Forster e alguém da BBC como convidados), olhava para as borboletas por cima da cabeça deles e pensava nas diferenças entre os dois mundos. Devo dizer que a sua ideia foi extremamente criativa. Apesar do meu antepassado puritano, não posso desaprovar nem rejeitar o presente. Por isso, pendurei as borboletas em cima do retrato dele na escada, com a mística esperança de que um dia cheguem a um acordo. Até o momento, as borboletas estão em vantagem. Quem sabe um dia você me escreva. Que distante e perdida eu te sinto no tempo e no espaço, lá longe, nessas vastas — como vocês chamam? —, essas imensas terras cinza-azuladas com o gado selvagem... os rabos de raposa e as borboletas. Cada vez que vou para a rua, fabrico outro quadro da América do Sul: não há dúvidas de que você se surpreenderia se pudesse se ver na sua casa do modo como eu imagino as coisas. Sempre faz um calor sufocante, e eu vejo uma mariposa pousada em uma flor de prata... E tudo isso em pleno dia...

A casa da Tavistock Square, estreita, com sua escada íngreme, onde vi as borboletas caçadas em céus americanos penduradas na parede, já não existe, foi destruída por algum jovem loiro vindo em asas prateadas do céu de Bach e de Goethe. A da Mecklenburgh Square ficou destruída. No entanto, ao que parece, as borboletas continuam intactas em sua caixa de vidro. Leonard Woolf me escreveu contando. Aquele vulnerável pó colorido, que nos verões tórridos sobrepunha seu esplendor ao das flores, hoje está morto nos bosques tropicais ou em jardins temperados; aquelas antenas frágeis, que ao mais leve contato podem se desfazer, atravessaram a tempestade de estilhaços. E a minha amizade com Virginia (tão unilateral, uma vez que eu a conhecia, e ela não me conhecia; pois ela existia intensamente para mim, e eu fui para ela uma sombra longínqua, em um país exótico criado pela sua fantasia) era a do tempo, a do espaço e a da ausência. Lendo Roger Fry, depois de sua morte, para escrever a sua biografia, ela sentiu crescer entre eles uma amizade mais íntima do que a que os uniu em vida. "As coisas que eu imaginava agora se revelaram, a voz partiu." Hoje também me sinto assim: mais perto de Virginia Woolf; posso falar mais livremente com ela sobre isso ou aquilo, com ela *laugh at gilded butterflies* e me aproximar do mistério das coisas *as if we were God's spies*.[74]

Mar del Plata, março de 1954

---

[74] "Rir das borboletas douradas" e "como se fôssemos espiãs de Deus" são referências ao *Rei Lear*, de William Shakespeare, ato V, cena 6. (N.T.)

APÊNDICE

CARTA A VIRGINIA WOOLF [75/76]

Tavistock Square, neste mês de novembro. Uma portinha verde escura, muito inglesa, com seu número bem cravado no centro. Fora, toda a neblina de Londres. Dentro, lá em cima, na luz e no aconchego de uma *living room* com painéis pintados por uma mulher, outras duas mulheres falam de mulheres. Se analisam, se interrogam. Uma, curiosa; a outra, maravilhada.

Essas duas mulheres se olham (os dois olhares são diferentes). "Eis um livro com imagens exóticas para folhear", pensa uma. A outra: "Em que página dessa história mágica encontrarei a descrição do lugar onde está escondida a chave do tesouro?" Mas, dessas duas mulheres, nascidas em meios e climas diferentes, uma anglo-saxã e a outra latina e da América; uma amparada por formidável tradição e a outra amparada pelo vazio (*"au risque de tomber pendant l'éternité"*),[77] é a mais rica que sairá beneficiada do encontro. A mais rica rapidamente terá feito a sua colheita de imagens. A mais pobre não terá encontrado a chave do tesouro. Tudo é pobreza em quem é pobre e riqueza em quem é rico.

---

75 Prefácio ao primeiro volume de meus *Testimonios* [Testemunhos] (*Revista Occidente*, Madri, dezembro de 1934). (Nota da autora)
76 Os *Testimonios* [Testemunhos] foram publicados em 1935. Ocampo data com o momento da enunciação. (N.T.BR)
77 "Sob o risco de cair diante da eternidade." (N.T.BR)

Quando, sentada junto à sua lareira, me afastava da neblina da solidão; quando esticava minha mão em direção ao calor e erguia sobre nós uma ponte de palavras... como eu era rica! Não da sua riqueza, Virginia, pois essa chave que você soube utilizar, e sem a qual jamais podemos nos apropriar do nosso próprio tesouro (ainda que a levemos, durante a nossa vida, pendurada no pescoço), de nada pode me servir se eu não a encontrar sozinha. Rica em minha pobreza, isto é: em minha fome.

Seu nome, Virginia Woolf, está unido a esses sentimentos. Pois foi com você que falei ultimamente — de maneira inesquecível — dessa riqueza, nascida da minha pobreza: a fome.

Todos os artigos reunidos neste volume (do mesmo modo que os que foram excluídos), organizados ao longo de vários anos, têm em comum o fato de terem sido escritos sob este signo. São uma série de testemunhos da minha fome. Da minha fome tão autenticamente americana! Pois, como te disse há alguns dias, parece que na Europa se tem tudo, menos fome.

Para você, é muito importante que as mulheres se expressem, e que se expressem por escrito. As incentiva para que escrevam *all kind of books, hesitating at no subject however trivial or however vast*.[78] Segundo as suas palavras, você lhes dá esse conselho por egoísmo: *Like most uneducated English women, I like Reading — I like reading books in the bulk*,[79] você declara. A produção masculina não te parece suficiente. Você acredita que os livros dos homens nos explicam a psicologia feminina de maneira muito parcial. Mais do que isso, você acha que os livros dos homens nos informam de maneira bas-

---

78 "Todos os tipos de livros, sem hesitar em qualquer assunto, por mais trivial ou amplo que seja." (N.T.)
79 "Como a maioria das mulheres inglesas leigas, eu gosto de ler — gosto de ler livros a granel." (N.T.)

tante imperfeita sobre eles mesmos. Você diz que na parte de trás da nossa cabeça há um ponto, do tamanho de um xelim, que não conseguimos ver com nossos próprios olhos. Cada sexo deve se encarregar de descrever esse ponto, para proveito do outro. A esse respeito, não podemos nos queixar dos homens. Desde os tempos mais remotos, sempre nos prestaram esse serviço. Seria conveniente, então, que não fôssemos ingratas e pagássemos com a mesma moeda.

De minha parte, gostaria de confessar publicamente, Virginia, que, sobretudo, *like most uneducated South American women, I like writing...*[80] E, desta vez, o *uneducated* deve ser pronunciado sem ironia.

Minha única ambição é um dia chegar a escrever, mais ou menos bem ou mal, mas como uma mulher. Acredito que, se como o Aladim eu tivesse uma lâmpada mágica, e ela me desse uma escrita ao estilo de um Shakespeare, de um Dante, de um Goethe, de um Cervantes, de um Dostoiévski, eu arremessaria a lâmpada. Pois entendo que uma mulher não consegue expor seus sentimentos e pensamentos com um estilo masculino, do mesmo modo que não pode falar com voz de homem.

Você se lembra das observações que fez sobre Charlotte Brontë e Jane Austen em *Um quarto só seu*? A primeira, você disse, talvez seja mais genial do que a segunda; mas os seus livros estão deformados pelo tremor da indignação, da rebeldia contra seu próprio destino, que a sacode. *Ela escreverá com fúria quando deveria escrever com tranquilidade.*[81]

●

---

80 "Como a maioria das mulheres sem instrução da América do Sul, eu gosto de escrever..." (N.T.)
81 V. Woolf, op cit.

No ano passado, por volta desse período, estava em um balneário argentino e, em uma manhã agradável, levei o filhinho do meu jardineiro a uma grande loja (uma filial da sua Harrod's). Os brinquedos resplandecentes de Natal e Ano-Novo nos rodeavam por todos os lados. Segurando a minha mão, com os olhos arregalados feito um menino de quatro anos diante de tantas maravilhas, meu companheiro ficou mudo. Ao abotoar na altura do seu peito uma camisa que estava experimentando, fiquei assustada, enternecida, sentindo contra a minha mão o bater acelerado do seu coração. Eram as batidas de um pássaro capturado entre os meus dedos.

A passagem de *Jane Eyre* que você cita, em que se escuta a respiração de Charlotte Brontë (respiração que chega até nós oprimida e ofegante), me emociona de modo semelhante. Meus olhos, fixos naquelas linhas, já não sentem como se fossem olhos, mas como se fosse a palma da mão apoiada em um peito.

Bem sei que a Charlotte Brontë romancista teria saído vencedora se a Charlotte mulher, *starved of her proper due of experience*,[82] não tivesse vindo incomodá-la. E, no entanto, você não acha que esse sofrimento que sobressalta de seus livros se traduz em uma imperfeição comovedora? Defendo a sua causa e defendo a minha. Se apenas a perfeição comove, Virginia, não há dúvidas de que já sou um fracasso logo de antemão.

Você diz que Jane Austen fez um milagre em 1800, o de escrever, apesar do seu sexo, sem amargura, sem ódio; sem protestar contra... sem predicar em prol... E assim (nesse estado de alma) escreveu Shakespeare, você completaria.

---

82 "Faminta de sua experiência devida." (N.T.BR)

Mas você não acha que, além dos problemas que as mulheres escritoras tinham e ainda têm que resolver, também não se trata de diferenças de caráter? Você acredita, por exemplo, que a *Divina comédia* foi escrita sem marcas de rancor? Em todo o caso, estou tão convencida quanto você de que uma mulher não logra escrever realmente como uma mulher a não ser a partir do momento em que essa preocupação a abandona, a partir do momento em que suas obras, deixando de ser uma resposta a ataques, disfarçados ou não, tendam a traduzir apenas o seu pensamento, os seus sentimentos e a sua visão.

Isso se parece com a diferença que é possível observar na Argentina entre os filhos de migrantes e os de famílias que estão no país há várias gerações. Os primeiros têm uma suscetibilidade exagerada no que diz respeito ao não sei quê falso orgulho nacional. Os segundos são americanos há tanto tempo que não o demonstram com ostentação.

Pois bem, Virginia, no que diz respeito ao meu sexo, devo confessar que ainda não me sinto totalmente livre dessa suscetibilidade, desse falso orgulho nacional. Quem sabe eu não seja uma *parvenue* [emergente] a esse respeito! Em todo caso, não há dúvidas de que sou francamente pedante. Quando a ocasião se apresenta (e, se não se apresenta, eu a procuro), já estou me declarando solidária do sexo feminino. A atitude de algumas mulheres singulares, como Anna de Noailles,[83] que passam para o campo dos homens aceitando que estes as tratem como exceções e lhes concedam uma situação privilegiada, sempre

---

[83] Ocampo também menciona Anna de Noailles em sua carta a Woolf de 11 de dezembro de 1934. Ver p. 46. (N.E.)

me repugnou. Essa atitude, tão elegante e cômoda, me parece intolerável. E a você também, Virginia.

A propósito de Charlotte Brontë e de Jane Austen, você diz: "Mas quão impossível deve ter sido para elas não se mover nem um centímetro para a direita ou para a esquerda. Que genialidade, que integridade devem ter sido necessárias diante de todas aquelas críticas, em meio àquela sociedade inteiramente patriarcal, para segurar firme a ideia que tinham em mente sem se encolher de medo."[84]

De tudo isso, fico com algumas palavras: *em meio àquela sociedade inteiramente patriarcal*. Em um meio semelhante ao que sufocava Charlotte Brontë e Jane Austen, há mais de cem anos, eu comecei a viver e escrever; semelhantemente, mas pior, Virginia.

Viver e escrever nessas condições é ter certo valor. E ter certo valor, quando não se é insensível, já é um esforço que absorve todas as nossas energias sem que a gente se dê conta. A deliciosa história da irmã de Shakespeare que você conta de maneira tão inigualável é a história mais bonita do mundo. Essa suposta poeta (a irmã de Shakespeare) que morreu sem ter escrito uma única linha vive em todas nós. Eu também acredito. Ainda vive naquelas que, obrigadas a lavar pratos e colocar as crianças para dormir, não têm tempo para escutar uma conferência ou ler um livro. Quem sabe um dia renascerá e escreverá. A nós, nos cabe criar um mundo em que ela possa encontrar a possibilidade de viver integralmente, sem mutilações.

Eu não lavo bem a louça e não tenho (ai!) crianças para colocar para dormir. Mas, ainda que (não sejamos hipócritas) lavasse louça e pusesse crianças para dormir, como a mãe de

---

84 Tradução de Júlia Romeu, em *Um quarto só seu*, op. cit.

Wells, no meu tempo livre, sempre encontraria uma maneira de rabiscar o papel.

E se, como você espera, Virginia, todo o esforço, por mais obscuro que seja, convirja e apresse o nascimento de uma forma de expressão que ainda não encontrou uma temperatura propícia para o seu florescimento, que o meu o esforço seja somado ao de tantas mulheres, desconhecidas ou célebres, que trabalharam no mundo.

BIBLIOGRAFIA

Obras de Victoria Ocampo (até 1954)

1924 *De Francesca a Beatrice*, Madri, Revista de Occidente.
1926 *De Francesca à Beátrice à travers La Divine Comédie*, Paris, Bossard.
1926 *La laguna de los nenúfares. Fábula cênica*, Madri, Revista de Occidente.
1935 *Supremacía del alma y de la sangre*, Buenos Aires, Sur.
1935 *Testimonios*, Madri, Revista de Occidente.
1936 *La mujer, sus derechos y sus responsabilidades*, Buenos Aires, Sur.
1936 *La mujer y su expresión*, Buenos Aires, Sur.
1936 *Domingos en Hyde Park*, Buenos Aires, Sur.
1938 *Emily Brontë (Terra incógnita)*, Buenos Aires, Sur.
1938 *Virginia Woolf, Orlando y Cía*, Buenos Aires, Sur.
1941 *San Isidro* (com um poema de Silvina Ocampo e 68 fotografias de Gustav Thorlichen), Buenos Aires, Sur.
1941 *Testimonios. Segunda serie*, Buenos Aires, Sur.
1942 *338.171 T.E.*, Buenos Aires, Sur.
1945 *Le Vert paradis*, Buenos Aires, Lettres françaises.
1946 *Testimonios. Tercera serie*, Buenos Aires, Sudamericana.
1947 *338.171 T.E. (Lawrence d'Arabie)*, Paris, N.R.F.
1947 *Enrique V y Lawrence Olivier*, Buenos Aires, Sur.
1949 *El Hamlet de Lawrence Olivier*, Buenos Aires, Sur.
1950 *Soledad sonora*, Buenos Aires, Sudamericana.

1951   *El viajero y una de sus sombras (Keyserling en mis memorias)*, Buenos Aires, Sudamericana.
1951   *Lawrence de Arabia y otros ensayos*, Madri, Aguilar.
1954   *Virginia Woolf en su diario*, Buenos Aires, Sur.

CRONOLOGIA DA TROCA DE CORRESPONDÊNCIA

Virginia Woolf a Victoria Ocampo, 27 de novembro de 1934
Virginia Woolf a Victoria Ocampo, 29 de novembro de 1934
Victoria Ocampo a Virginia Woolf, 5 de dezembro de 1934
Virginia Woolf a Victoria Ocampo, 5 de dezembro de 1934
Virginia Woolf a Victoria Ocampo, 7 de dezembro de 1934
Virginia Woolf a Victoria Ocampo, 9 de dezembro de 1934
Victoria Ocampo a Virginia Woolf, 11 de dezembro de 1934
Virginia Woolf a Victoria Ocampo, 22 de dezembro de 1934
Virginia Woolf a Victoria Ocampo, 28 de dezembro de 1934
Virginia Woolf a Victoria Ocampo, 22 de janeiro de 1935
Virginia Woolf a Victoria Ocampo, 26 de fevereiro de 1935
Virginia Woolf a Victoria Ocampo, 28 de maio de 1935
Virginia Woolf a Victoria Ocampo, 21 de julho de 1935
Virginia Woolf a Victoria Ocampo, 29 de outubro de 1935
Virginia Woolf a Victoria Ocampo, 2 de maio de 1936
Victoria Ocampo a Virginia Woolf, 16 de julho de 1937
Virginia Woolf a Victoria Ocampo, 2 de setembro de 1937
Virginia Woolf a Victoria Ocampo, 27 de setembro de 1938
Virginia Woolf a Victoria Ocampo, 4 de outubro de 1938
Virginia Woolf a Victoria Ocampo, 7 de outubro de 1938
Virginia Woolf a Victoria Ocampo, 12 de janeiro de 1939

Virginia Woolf a Victoria Ocampo, 30 de maio de 1939
Virginia Woolf a Victoria Ocampo, 20 de junho de 1939
Virginia Woolf a Victoria Ocampo, 23 de junho de 1939
Virginia Woolf a Victoria Ocampo, 26 de junho de 1939
Virginia Woolf a Victoria Ocampo, 20 de maio de 1940

Retrato de Virginia Woolf feito por Gisèle Freund em 1939.
Gisèle Freund (1912-2000) © RMN gestion droit d'auteur/Fonds/MCC/IMEC

VIRGINIA WOOLF, O DESFAZER-SE DO CORPO E A MORADA NA ESCRITA

Tudo existe para terminar em uma foto.

— SUSAN SONTAG

Foi Susan Sontag quem, no final do ensaio "Na Caverna de Platão", que abre o livro *Sobre fotografia*,[1] torceu esta frase-título do poeta francês Mallarmé: tudo existe para terminar em um livro. Virginia Woolf leu e viu a irmã fazer a capa da edição de poemas de Mallarmé, traduzidos pelo grande amigo Roger Fry. Para começar a pensar alguns pontos que nos levam a Adeline Virginia Alexandra Stephen Woolf (1882-1941), vamos juntar esse poeta francês a Susan Sontag e fazer o exercício de enxergar um corpo antes da escrita.

No final do perfil sobre Victoria Ocampo, Karina de Castilhos Lucena aponta para a incrível história de que Victoria Ocampo teria salvado a fotógrafa francesa Gisèle Freund, que, nascida na Alemanha, teve que fugir de Paris, em 1940, para não ser entregue à Gestapo. Freund foi responsável por algumas das primeiras (e famosas) fotografias coloridas de várias pessoas conhecidas da literatura, das artes e da filosofia, tais como Simone de Beauvoir,

---

[1] Susan Sontag, *Sobre fotografia*, trad. Rubens Figueiredo, São Paulo: Companhia das Letras, 2004.

Walter Benjamin, Frida Kahlo, James Joyce, Colette e, não por acaso, entre todas as muitas pessoas, Virginia Woolf. Quem leu as traduções das cartas presentes nesta edição já sabe do arranca-rabo diplomático entre Virginia e Victoria sobre a situação em que aconteceram as únicas imagens coloridas que temos da escritora inglesa. Como tradutora, eu não esperava que a chegada de Gisèle Freund à Tavistock Square, número 52, em 1939, tivesse sido tão turbulenta, nem que tivesse dedo de uma escritora, tradutora e editora latino-americana. Eu sabia da situação apenas por meio de notas de rodapé ou comentários breves em biografias de fôlego, como a escrita por Hermione Lee, de 1996, por exemplo. Enquanto ia metamorfoseando a passivo-agressividade woolfiana daquela carta, em português brasileiro, pensei que talvez essa insistência de Ocampo na sessão de fotos fosse justamente o ato inaugural responsável por trazer esta edição até nós.

Virginia Woolf acreditava em atos inaugurais, cenas que se repetem na memória, que são descritas em seus diários e elaboradas em variedade nos romances, sempre em cenários e vozes diversas ou, ainda, em descrições minuciosas de exercícios de escrita, como acontece em *O esboço do passado*, um dos seus últimos textos, em que tenta elaborar uma escrita da vida — sua e dos outros — que dê conta de todas as dimensões da existência. Em 2020, escrevendo sobre a recente retradução para o português brasileiro de *As ondas*,[2] eu segui uma linha que partia, quase de maneira obsessiva, da foto mais famosa dessa sessão fotográfica:

---

2   Referência sobre a tradução do romance *The Waves* (1931), por Tomaz Tadeu, editada pela Autêntica. Na época, escrevi o ensaio de capa "Virginia Woolf: desfazer-se do corpo e habitar a narrativa", publicado na *Suplemento Pernambuco*, disponível para leitura em: http://suplementopernambuco.com.br/capa/2663-virginia-woolf-desfazer-se-do--corpo-e-habitar-a-narrativa.html.

Virginia Woolf, em sua última foto colorida de que se tem notícia — clicada em 1939 pela fotógrafa francesa Gisèle Freund, pioneira nas cores e nos retratos de modernistas —, posa na sua habitual posição de perfil esquerdo. Porém, diferente de outra imagem bastante popular, feita em 1902 pelo inglês George Charles Beresford, nessa de Freund há uma construção da *mise en scène* em que o corpo da escritora ocupa o espaço de forma estratégica. Ela olha para fora do plano, com um semblante calmo mas incisivo. A piteira na mão descansa e os livros arranjados na mesa ao lado compõem uma rima visual com aquele aberto no seu colo. Na verdade, a piteira é quase uma seta alinhada ao seu olhar. Uma das grandes questões nesta foto é: para onde olha Virginia Woolf? Para o passado ou para o futuro? O que os olhos dela enxergam enquanto o livro permanece aberto em seu colo?

Essas perguntas abrem a seção no texto intitulado "Desfazer-se do corpo e habitar o espaço", que é uma frase de um dos personagens do livro, Louis. Olhar para essa foto de Virginia, depois da experiência de ler *As ondas*, romance de 1931, dava a impressão de que era possível estancá-la (esse verbo aquoso) no tempo: fazê-la habitar e assombrar continuamente uma casa que em poucos meses seria levada abaixo por bombardeios durante a Segunda Guerra. Essa imagem carrega muito do que foi a escritora que, assim como a sua personagem Orlando, do romance de 1928, atravessa o tempo em uma série de cenas (cliques) coloridas.

Ainda na foto, ao fundo podemos ver o quadro da irmã Vanessa Bell, que, pouco menos de três anos mais velha, foi a outra pessoa no mundo a retratar Virginia, quando ainda era Stephen, usando cores e muitas vezes deixando apenas o semblante, sem olhos e boca visíveis. Amparada por esse quadro, a escritora permanece impávida no primeiro plano e vê o que não alcançamos —

apesar de sentirmos —, seguida pela pilha de livros fechados e o livro aberto e firme no colo.

As respostas para as perguntas residem na extensa carreira de leitoras comuns que empreendemos ao longo da vida. Não tenhamos pressa. Maggie Humm, que estuda a relação de Virginia Woolf com a fotografia, diz que "Woolf acreditava que as fotografias podiam ajudá-la a sobreviver a esses momentos da própria vida, destruidores de identidade — as suas doenças incoerentes". Podemos ir um pouco além e despender horas observando as centenas de imagens que hoje estão digitalizadas na biblioteca de Houghton, em Harvard, nos Estados Unidos; prestar atenção em cada uma das "cenas primitivas", como chama Humm, compartilhadas com outras pessoas; perceber a coletividade que tanto instigava a escrita de Woolf. Não por acaso, foi a fotografia e a coletividade — graças à amizade com a família Huxley — que levaram a escritora à exposição do fotógrafo estadunidense Man Ray, que também a retratou de perfil, só que em preto e branco, onde conheceu Victoria Ocampo, traçando outro caminho que nos trouxe até aqui.

A LEITORA (IN)COMUM

Há também uma foto emblemática da jovem Ginia — apelidada de Ginny, goat [cabra], Janet e outros que surgiam na convivência familiar — despontando como uma leitora que carrega uma genealogia. Em 1892, Vanessa fotografou a mãe e o pai, ambos lendo no primeiro plano, na famosa Talland House, na Cornualha, lugar que adentramos com detalhes em livros como *Um esboço do passado* e *As ondas*. Ao fundo, sentada na frente da estante, Virginia mantém a mão no queixo, enquanto olha diretamente para a câmera/Vanessa; mal vemos o seu ombro esquerdo. Maggie Humm vai dizer que essa é uma importante *cena primitiva* entre ela, a irmã e os pais (estes últimos morreriam dali a alguns anos). A prova de que essa imagem tinha algo de ato inaugural é que ela seria reproduzida, de modo woolfiano, no romance *Ao farol* (1927), em uma cena em que Mr. e Mrs. Ramsay leem em meio a uma discussão silenciosa — o famoso silêncio em palavras que lemos também em *Mrs. Dalloway* (1925), quando saímos para comprar flores com Clarissa. Sentada ao fundo da imagem, Virginia observa o peso de ser herdeira de duas figuras significativas da Era Vitoriana, algo que vai elaborar em toda a sua prática escrita, seja ela pública ou privada. Julia Jackson, a mãe, além de uma exímia trabalhadora em obras de caridade, havia sido modelo de pintores pré-rafaelitas e posado para a tia Julia Margaret Cameron, uma das primeiras fotógrafas reconhecidas, responsável por representar, com um olhar bastante peculiar, mulheres vitorianas. Leslie Stephen, o pai, havia sido um importante intelectual inglês no século XIX, conhecido por biografias de "grandes homens" do período. Os Stephens não eram uma família aristocrática, apesar da árvore genealógica formada por boas relações, porém tinham uma herança em capital cultural que em muitos momentos foi um peso para os filhos, principalmente para as filhas.

O que significava para uma menina nascida no começo de 1882, na Inglaterra, com a rainha Victoria ainda viva, herdar, principalmente da figura paterna, a intelectualidade? Esse é um dos aspectos que vamos encontrar muito bem desenvolvidos em textos como *Um quarto só seu* (1929) e *Três guinéus* (1938), além de ensaios que datam desde o começo do século XX, que apontam a presença de mulheres na literatura. Desde muito cedo Virginia soube do lugar que ocupava naquela sala, ao fundo, mesmo com a posição privilegiada na frente da estante. Com a morte de Julia, quando Virginia tinha treze anos, Leslie ficou encarregado pela educação das filhas e dos filhos e, claro, a obrigação maior era a educação formal dos meninos. Ginia tinha autorização para ler toda a biblioteca do pai e ter aulas particulares de grego e latim, afinal a própria rainha era favorável à educação de mulheres, contanto que permanecessem os belos anjos do lar.

Foi justamente a profissionalização como leitora que fez Virginia, já Woolf, afirmar em um texto para a Sociedade Nacional de Auxílio às mulheres, em 21 de janeiro de 1931, "minha profissão é a literatura". A leitora que surgiu na biblioteca do pai seguiu sendo aquela figura que encarava a câmera. No começo do século XX, em 1904, começa a ganhar as primeiras libras como resenhista no jornal *The Guardian* e, no ano seguinte, passa a escrever regularmente para o *The Times Literary Supplement*. Não é nada espantoso que essa leitora muito incomum, em menos de um ano de trabalho, publicasse um texto bastante espirituoso intitulado "A nota feminina na literatura". Nele, ela critica o livro homônimo do jornalista inglês William Leonard Courtney, que analisa as obras de oito escritoras da época. Courtney chegou a afirmar que as mulheres estavam acabando com o romance enquanto arte, o que Virginia rebate dizendo que a teoria do jornalista causa "decepção mas não surpresa". Ela ainda defende a "ampliação de sua inteligência [das mulheres] graças à instrução e ao estudo dos clássicos gregos e latinos" para que deixasse sua visão mais sólida.

Enquanto resenhista, Virginia investigou premissas que lhe eram caras enquanto escritora de ficção, como buscar o que não estivesse aparente em uma simples leitura. Foi acusada várias vezes de impressionista, justamente por escrever partindo de sensações variadas que lhe ocorriam enquanto lia. A formação não acadêmica de Virginia colaborou para que pudesse elaborar livremente a própria maneira de fazer crítica literária. Uma das características muito particulares de sua escrita, por exemplo, é o humor, muitas vezes mordaz, quase sempre voltado para criticar a figura do homem intelectual, essa espécie de leitor ideal, detentor do capital cultural. Em 1918, em outra resenha criticando um livro sobre autoras — obras escritas por homens que pipocavam no mercado editorial da época —, rebate o argumento de que escritoras seriam "totalmente emotivas e femininas", dizendo que "as mulheres são mais cômicas e satíricas do que imaginativas". Ela tinha lido toda a obra de George Eliot e Jane Austen, sabia muito bem do que estava falando e o fazia com ironia.

A figura de uma pessoa comum, que lê, a assombrava no sentido de instigá-la. Era uma investigação particular isso de ter a possibilidade de não corresponder a uma lógica intelectual hegemônica, daqueles patriarcas barbudos com livros na mão. Em 1925, na apresentação do volume de ensaios *O leitor comum* — no Brasil, foi traduzido em *O valor do riso*[3] —, Woolf evoca uma breve definição dessa figura que serve de introdução para si mesma, essa grande frequentadora de "cômodos muito modestos", como chamava as bibliotecas:

> [o leitor comum] lê por prazer, não para transmitir conhecimentos ou corrigir opiniões alheias. Acima de tudo, é guiado pelo instinto de criar para si [...]. Nunca deixa, enquanto lê, de construir alguma estrutura frágil e desengonçada que lhe dará a satisfação

---

3 Virginia Woolf, *O valor do riso*, trad. Leonardo Fróes, São Paulo: Cosac Naify, 2014.

provisória de ser bastante parecida com o objeto real para admitir emoções, riscos, argumentação.

Na bibliografia romanceada *Virginia*,[4] escrita pela francesa Emmanuelle Favier e traduzida em português brasileiro por Marcela Vieira, podemos acompanhar a formação dessa leitora incomum até 1904, ano em que se torna uma leitora profissional. Olhando para a menina que descobre, por meio da leitura, o poder de investigar, temos um vislumbre daquela Virginia Woolf que articula as suas leituras com a ausência de mulheres na literatura. É essa leitora que olha para a sua estante — e para aquela que a formou — e, logo na segunda página de *Um quarto só seu*, define que "uma mulher precisa ter dinheiro e um quarto só seu se quiser escrever ficção", na tradução de Julia Romeu. Naquela altura, preparando uma palestra para jovens universitárias, ela mesma reconheceu os privilégios de ter casa, teto e quartos próprios para se tornar a escritora dos últimos quinze anos.

UM QUARTO SÓ SEU PARA LER, ESCREVER E EDITAR

Foi da escritora e tradutora Julia Raiz — ou *trabalhadora da palavra*, como ela costuma dizer — que ouvi pela primeira vez que Virginia Woolf, em *Um quarto só seu*, defendia a renda básica universal. Em um trecho do Capítulo 4, um novo parágrafo inicia com "a mulher de classe média começou a escrever". No trecho,

---

[4] Emanuelle Favier, *Virginia*, trad. Marcela Vieira. São Paulo: Nós, 2022.

Virginia valoriza a genealogia das escritoras, ela sabe que todas que puderam escrever, principalmente a partir do século xix, deviam algo àquelas senhoras aristocratas cujo dinheiro permitia a escrita. Segue imperativa: "Ganhem quinhentas libras por ano com a sua inteligência." Mas, para ganhar esse dinheiro, é preciso espaço e tempo para ler, elaborar e escrever. Os ambientes modestos das bibliotecas caseiras, onde ela aprendeu a amar a leitura, precisavam existir, já que em uma faculdade sempre poderia surgir um bedel proibindo a entrada de mulheres na biblioteca.

Cada casa em que Virginia Woolf morou ou passou férias foi fundamental para o processo criativo ou o devaneio. Fosse na já mencionada Talland House, na Cornualha, onde ela tem as memórias primordiais de verão, estas que eram divididas com a do número 22, da Hyde Park Gate, fosse na Tavistock Square, 52, onde viveu por quinze anos, escrevendo e editando muitos dos seus livros. Nesse último endereço recebeu figuras interessantes, como Victoria Ocampo, e, depois dos bombardeios, em 1940, resgatou ali os seus diários. Na tradução de Ana Carolina Mesquita, conta o seguinte: "nada além de entulho onde escrevi tantos livros. Céu aberto no lugar onde tantas noites nos sentamos, demos tantas festas." O mesmo aconteceu com a casa em Mecklenburgh Square. Houve também a Monk's House, em Rodmell, mais ao interior, lugar que dividia o coração tanto de Virginia quanto do marido Leonard Woolf com as casas de Londres e onde receberam todos os amigos do grupo de Bloomsbury (há inúmeras fotos que comprovam essas visitas); já a casa em Fitzroy Square, onde havia morado o escritor George Bernard Shaw, e a residência em Brunswick Square foram os lugares pelos quais Virginia passou após a morte do pai, e onde recebeu e articulou grandes discussões antes de se casar com Leonard.

Ainda sobre os diários e as guerras, a casa que chamava de Asheham House, alugada entre 1912 e 1919, nos fornece algumas das entradas de diário mais peculiares e que, até muito recentemente, não haviam sido publicadas e nem traduzidas. Em cada casa Virginia mantém um diário específico, com entradas próprias. As de Asheham são mais lacônicas, diretas e gregárias. É como se a audição da guerra naquele lugar (ela comenta que se ouvem os disparos) exigisse mais silêncio e contenção, e Leonard completa: "Nunca soube de uma casa com tamanha personalidade."

A lenda de Asheham diz que a casa era assombrosa e assombrada, o que deu origem ao conto "A casa assombrada" (1921), em que um casal de fantasmas procura um "tesouro", suspira, bate portas e conversa entre si pelos ambientes, enquanto quem está vivo tenta ler ao mesmo tempo que acompanha a saga dos dois. O conto já tem uma estética bastante woolfiana, sobretudo com o borramento do mundo físico e fantasmático: a tentativa de narrar tudo que estivesse visível ou invisível aos olhos.

Aproveito para evocar outra foto,[5] que está na já mencionada biblioteca digital de Houghton: a escritora sentada na frente da casa de Asheham, aparentemente tomando sol, com um grande chapéu. Assim que clicamos no *zoom* da imagem vemos o rosto borrado, as pernas cruzadas e os braços em posição de descanso atrás da cabeça — as palavras "assombrosa" e "assombrada" sussurram em nosso ouvido. Não pelos motivos corriqueiros, mas sim porque Virginia seguirá existindo nessa imagem, sentada na frente daquela casa e apesar da passagem do tempo, assombrando. E, também, assombrosa, de assombro — grande espanto e admiração —, com tudo que ficou escrito por ela sobre esses lugares que habitou.

---

5 A fotografia pode ser visualizada no site da Harvard Library: https://iiif.lib.harvard.edu/manifests/view/drs:42330507 7$2i.

Por fim, mas não menos importante, não podemos deixar de mencionar as casas que serviram de teto para a Hogarth Press (primeiro em Richmond, depois em Surrey e, por fim, em Londres), a editora que Virginia e Leonard mantiveram de 1917 até o fim da vida e que foi uma das mais importantes, não apenas por editar nomes como Sigmund Freud, T. S. Eliot, Gertrude Stein e Katherine Mansfield mas, também, por tornar possível todo o projeto estético do que conhecemos hoje como Virginia Woolf.

Na introdução do primeiro volume de *Os diários de Virginia Woolf*, publicados no Brasil pela editora Nós, Ana Carolina Mesquita diz que "as atividades da Hogarth Press contribuíram para aprofundar a circulação de concepções artísticas e ideias que, de outro modo, dificilmente encontrariam canal de difusão". Isso pode ser dito especialmente sobre a obra de Virginia Woolf, que, antes dos livros cuidadosamente editados pelo casal, só havia publicado dois outros, *A viagem* (1915) e *Dia e noite* (1919), sem muita recepção. Mesmo que boa parte da história contada se refira ao começo das atividades da editora como forma de apaziguar as crises nervosas de Virginia, é fato que a Hogarth soube respeitar e dar liberdade para trabalhos que, muito provavelmente, nem seriam reconhecidos hoje em dia. Gertrude Stein, por exemplo, teve o seu *Composition as Explanation*[6] editado pelos Woolf em 1926, um livro antes negado por várias editoras por conta do caráter experimental. Além do olhar atento e respeitoso aos projetos estéticos de escrita, o casal ainda mantinha projetos gráficos de luxo, com edições encadernadas, tiragens baixas e capas desenhadas por Vanessa Bell.

Tudo que é possível fazer com as libras ganhas pelo trabalho intelectual e por meio de vários cômodos só para si é feito:

---

6 Gertrude Stein, *Composition as Explanation*, Londres: Hogarth Press, 1926.

tetos para receber pessoas, criar, ser feliz, reclamar em diários, elaborar cartas que atravessam oceanos, pendurar borboletas e escrever livros que tirem o sono, mas que saiam exatamente como a escritora quis — com digressões longas, imagens, pinturas, diálogos dentro de parênteses, vozes que falam sem espaço físico, ensaios, palestras e textos pacifistas. Tudo isso só foi possível porque Virginia Woolf quis que sua obra fosse, acima de tudo, sobre a vida.

ESCRITORA DA VIDA

> *2 de maio... Escrevo a data porque creio que descobri uma forma possível para essas anotações. Isto é, fazer com que incluam o presente. [...] Seria interessante fazer com que as duas pessoas, a eu de agora, a eu de antes, fossem colocadas em contraste.*
>
> — VIRGINIA WOOLF em *Um esboço do passado*[7]

Dois de maio de 1939, Virginia Woolf tinha acabado de fazer 57 anos e estava às voltas com a escrita da biografia do grande amigo, o crítico de arte Roger Fry, que havia morrido quase quatro anos antes. Como afirma Ana Carolina Mesquita, na introdução de *Um esboço do passado*, Virginia "não consegue encontrar a forma exata para narrar linearmente os fatos e tudo aquilo que habita sob os fatos — as emoções, as impressões". Essa é uma busca incessante na escrita dela, seja em cartas, diários, ensaios, textos críticos, romances ou contos, e desde muito antes de ser a

---

[7] V. Woolf, *Um esboço do passado*, trad. Ana Carolina Mesquita, São Paulo: Nós, 2020.

escritora conhecida com o sobrenome Woolf — enquanto ainda se dividia em ser Ginia e Miss Jan.

Ginia tinha quinze anos em 1897, e a vida já era um espanto: "Aqui está a vida sendo dada a cada um de nós da mesma maneira, & devemos fazer nosso melhor com ela: sua mão no punho da espada — & uma fervorosa promessa não dita!", na tradução de Mayara Freitas,[8] que estudou os diários de juventude da escritora. Normalmente o que se intitula de *juvenilia* (as obras produzidas ainda na juventude de artistas) não chama muita atenção por se acreditar que seriam produções imaturas. Isso está errado porque quase sempre podemos perceber a firmeza dos primeiros passos. No caso dos diários escritos entre os 15 e 27 anos, Ginia se mostra uma exímia leitora e uma irmã corriqueira, que brigava com os irmãos e se sentia chateada com a vida e suas banalidades. Porém, como aponta Mayara Freitas, começa a surgir um elemento estranho, que beira o ficcional, na narrativa do diário.

Foi Mayara quem me apontou Miss Jan pela primeira vez. Já na abertura do caderno de 1897, surge essa figura peculiar que aos poucos percebemos ser a própria autora do diário. A pesquisadora afirma que o que mais espanta é essa escrita romper com "o aparente pacto que cadernos íntimos têm com a verdade pura e simples". Ainda relata que nos anos seguintes surge também uma preocupação quase machadiana: diz que gosta de supor a presença de um leitor para *variar a escrita*. Então, quer dizer que além de uma leitora incomum, Virginia, desde muito

---

[8] Mayara dos S. Freitas, *Antes de Virginia Woolf: os diários de juventude e início da construção de um olhar*. Dissertação de mestrado — Faculdade de Filosofia, Letras e Ciências Humanas, Universidade de São Paulo, São Paulo, 2019. Disponível em: https://www.teses.usp.br/teses/disponiveis/8/8151/tde-16122019-183410/pt-br.php.

cedo, também pensava em quem poderia ler aqueles diários. Ela já apresenta indícios de querer escrever sobre experiências que abarcassem os "momentos de ser", e os "momentos de não ser" e tinha a intenção de teorizar a respeito na beirada dos sessenta anos, os quais não completaria.

Virginia, tanto a Stephen quanto a Woolf, tem a vida como uma massa a ser moldada. A leitura dos seus diários — assim como das cartas, em que vemos as suas muitas personagens em ação — podemos rir de canto de boca, pois é possível perceber os mecanismos de personagens que de longe parecem tanto com ela, mas são, na verdade, como as pinturas que Vanessa Bell fez da irmã: silhuetas familiares, mas sem rosto. Clarissa Dalloway se metamorfoseia na Orlando que dorme por dias e atravessa séculos até poder finalmente ser publicada. Susan, Jinny, Rhoda, Bernard, Louis e Neville de *As ondas* falam sem parar, até o casal Ramsay, de *O farol*, ouvir suas vozes, que ecoam em pensamento. Se todas as personagens de Virginia Woolf se olhassem no espelho, talvez vissem Miss Jan, a sua primeira articulação ficcional, que é uma espécie de duplo de si e também um treino de personagens, como chegou a fazer tão bem, inclusive com animais, desde *Flush* até a libélula e o caracol do conto *Kew Gardens*.

Ana Carolina Mesquita,[9] que estuda e traduz a produção diarística de maturidade de Virginia, diz que os diários podem ser lidos como uma *forma-cruzamento*, como ela chama, colocando para dançar toda a obra woolfiana. Atualmente, com a entrada

---

9   Ana Carolina de C. Mesquita, *O Diário de Tavistock: Virginia Woolf e a busca pela literatura*. Tese de doutorado — Faculdade de Filosofia, Letras e Ciências Humanas, Universidade de São Paulo, São Paulo, 2019. Disponível em: https://www.teses.usp.br/teses/disponiveis/8/8151/tde-30042019-120825/publico/2018_AnaCarolinaDeCarvalhoMesquita_VCorr.pdf

de boa parte da obra de Virginia Woolf em domínio público, a leitora brasileira pode ler e reler a escritora traduzida como se fosse um complexo prisma em que cada romance, conto, carta de amor & fofoca, ensaio crítico & político nos leva para Virginias variadas e misturadas. Mesmo assim, talvez seja sempre impossível alcançá-la: uma escritora para o futuro, como propôs Hélène Cixous, para a escrita feminina.

Uma foto inclui um tempo presente. Assim como uma entrada no diário; uma carta, escrita em garranchos apressados; o medo do avanço da guerra; um pedido de desculpas com o desejo de que a carta atravesse o oceano. Ainda olho para a foto de Gisèle Freund e penso como a única imagem colorida de Virginia Woolf faz o sangue da escritora continuar circulando. E é para nós que ela olha, porque não somos nós que seguramos a câmera, somos aquelas do canto direito, fora do quadro; e o livro aberto no colo dela sempre é aquele que lemos e relemos. Tudo existe para que uma foto faça Virginia Woolf desfazer-se do corpo e seguir morando na escrita.

— EMANUELA SIQUEIRA, tradutora, mestra e doutoranda em estudos literários pela Universidade Federal do Paraná (UFPR). É pesquisadora dos estudos feministas de tradução e crítica literária feminista.

Retrato de Victoria Ocampo feito por Gisèle Freund em 1939.
Gisèle Freund (1912-2000) © RMN gestion droit d'auteur/Fonds/MCC/IMEC

VICTORIA OCAMPO EM CINCO ATOS[1]

VICTORIA OCAMPO, CAPATAZ DA CULTURA ARGENTINA

Chamar Victoria Ocampo (Buenos Aires, 1890-1979) de capataz soa obviamente como provocação. Que não é minha, é de Beatriz Sarlo, no livro *Modernidade periférica*:

> No curso de todas essas operações contrárias a um sistema de preconceitos sexuais e morais, Victoria Ocampo investe na literatura o capital simbólico (refinamento, viagens, línguas estrangeiras) que sua família lhe havia confiado apenas para que gastasse no consumo ostentador e distinto. [...] É, como se viu, uma história custosa, em que a abundância material e os tiques do esnobismo não devem ocultar os esforços da ruptura. Essa história culmina com êxito quando Victoria Ocampo, em 1931, se converte numa espécie de capataz cultural rio-platense. No mesmo momento, começará a reger seu corpo com a liberdade dos homens.[2]

---

[1] Este perfil é um recorte do ensaio publicado, de forma seriada, na *Revista Parêntese*, vinculada ao Grupo Matinal Jornalismo, de Porto Alegre. A série completa pode ser acessada aqui: https://www.matinaljornalismo.com.br/tags/victoria-ocampo.
[2] Beatriz Sarlo, *Modernidade periférica: Buenos Aires 1920 e 1930*, trad. Júlio Pimentel Pinto, São Paulo: Cosac Naify, 2010, p. 170-171.

A citação de Sarlo dá o tom deste perfil. Contar a história de Victoria Ocampo a partir de suas contradições: transgressora demais para o núcleo familiar e a elite cultural portenha do início do século XX, conservadora demais para os setores populares que vão se organizar em torno do peronismo, Victoria Ocampo construiu uma persona capaz de transitar e ditar regras num ambiente marcadamente masculino. Isso tem um preço: para se manter nessa posição, fez vistas grossas ou se isentou em momentos-chave da política Argentina ao longo dos sessenta anos em que ocupou o lugar de figura pública relevante. Foi, por outro lado, alvo mais exposto que os homens de sua classe, presa aos 63 anos durante a segunda presidência de Perón. Chamá-la de capataz guarda um fundo de machismo: como lidar com mulheres que se destacam em ambientes que lhe são hostis? Guarda também as contradições da personalidade de Victoria, que usou expedientes tidos como monopólio masculino, principalmente em círculos de poder.

Filha mais velha das seis que Manuel Ocampo viria a ter — deve ter sido no mínimo decepcionante para ele não contar com um filho homem para gerir a fortuna da família —, Victoria Ocampo cumpriu até os vinte e poucos anos o rito traçado às mulheres de sua classe: educação em casa, em francês e em inglês, viagens constantes à Europa, casamento mais ou menos arranjado. Aos poucos, percebeu que poderia empregar seus privilégios em negócios considerados supérfluos por seu núcleo, mas valiosos para ela. O ápice se dá em 1931, com a fundação da revista *Sur* — esse é também o ano da morte do pai. Em 1933, *Sur* se torna também editora. Alinhada às vanguardas das principais cidades europeias e atenta às novidades vindas da então emergente Nova York, a revista vai ocupar posição central no campo cultural argentino entre as décadas de 1930 a 1950, resenhando e traduzindo autores estrangeiros até então ausentes no circuito nacional, patrocinando espetáculos com nomes internacionais badalados. Obviamente isso tudo não é obra apenas de Victoria, nem mesmo de *Sur* — é algo que integra o movimento geral de modernização de Buenos Aires, tão bem estudado por Sarlo no livro citado.

Sur representa o âmbito privado da atuação de Victoria Ocampo e de outros mecenas da aristocracia portenha, a transferência da fortuna pessoal para um projeto intelectual audacioso. Embora se saiba que o mecenato privado deve ser lido com o pano de fundo do golpe militar que derrubou o presidente Yrigoyen e colocou o general Uriburu no poder em 1930, como demonstrou Sergio Miceli,[3] ainda se trata de empreendimento relativamente autônomo em relação à política institucional. Não é o que acontece entre 1958 e 1973, quando Victoria Ocampo vai integrar a diretoria do Fundo Nacional das Artes, autarquia criada em 1958 durante o governo do general Aramburu, também alçado ao poder via golpe militar. Victoria renuncia ao posto em 1973, quando já se confirmava o retorno de Perón como presidente eleito. Isso não quer dizer, obviamente, que Ocampo compactuou irrestritamente com o autoritarismo dos militares de turno; por outro lado, omitir o período em que esteve à frente do Fundo Nacional das Artes, como acontece em nem tão poucos estudos sobre ela, é ocultar parte relevante de sua atuação pública. Nesse órgão, Victoria transformou em política de Estado diretrizes que estavam em *Sur* e que deixaram marcas positivas e duradouras na cultura argentina, principalmente na área da tradução. Segundo Patricia Willson, "à frente desse órgão nacional, mas autárquico [o Fundo Nacional das Artes], Victoria editou traduções das 'grandes obras

---

[3] Sergio Miceli, *Sonhos da periferia: inteligência argentina e mecenato privado*, São Paulo: Todavia, 2018.

da literatura universal', buscando 'os melhores tradutores', e pagando melhor do que pagavam habitualmente as grandes editoras".[4]

Como se vê, uma mulher com presença destacada na esfera cultural argentina. A premissa aqui é que Victoria Ocampo pode ser lida como um concentrado das tensões que atravessam a cultura argentina no século XX. Suas contribuições para os campos da literatura, tradução, arquitetura, teatro, música, bem como suas contradições dentro do debate feminista e seus atritos com o peronismo, nos apresentam um retrato eloquente dessa elite ansiosa por ser incluída no circuito internacional das artes. Mulheres extraordinárias escreveram sobre Victoria Ocampo na Argentina: Beatriz Sarlo,[5] María Esther Vázquez,[6] María Teresa Gramuglio,[7] Sylvia Molloy,[8] Patricia Willson[9] e Irene Chikiar Bauer,[10] para citar apenas algumas. A bibliografia em espanhol sobre Ocampo é vasta e qualificada, à altura da complexidade da figura. No Brasil, embora Victoria e *Sur* sejam assunto corrente entre sociólogos e historiadores interessados em compreender o

---

[4] Patricia Willson, *Página impar: Textos sobre la traducción en Argentina: conceptos, historia, figuras*, Buenos Aires: EThos Traductora, 2019, p. 176.

[5] No já citado *Modernidade periférica*, e também em *La máquina cultural: maestras, traductores y vanguardistas*, Buenos Aires: Seix Barral, 2007.

[6] María Esther Vázquez, *Victoria Ocampo: el mundo como destino*, Buenos Aires: Seix Barral, 2002.

[7] María Teresa Gramuglio, "Sur: constitución del grupo y proyecto cultural", *Punto de Vista*, Buenos Aires, ano 6, n.17, 1983; "Sur en la década del 30, una revista política", *Punto de Vista*, Buenos Aires, ano 9, n. 28, 1986.

[8] V. Ocampo, *La viajera y sus sombras: Crónica de un aprendizaje*. Seleção e prólogo de Sylvia Molloy, Buenos Aires: Fondo de Cultura Económica, 2010.

[9] Em *Página ímpar* e também em *La Constelación del Sur: traductores y traducciones en la literatura argentina del siglo XX*. Buenos Aires: Siglo XXI editores, 2017.

[10] V. Ocampo, *El ensayo personal*. Introdução e seleção de Irene Chikiar Bauer, Buenos Aires: Mardulce, 2021. Também na biografia cruzada de Victoria e Virginia Woolf: Irene Chikiar Bauer, *Virginia Woolf y Victoria Ocampo: Biografía de un encuentro*, Buenos Aires: El Ateneo, 2023.

campo cultural argentino, ainda são tímidos os estudos nas áreas de literatura, tradução, música, arquitetura e demais âmbitos em que Victoria atuou. Arrisco dizer que, por aqui, Silvina Ocampo, *la hermana menor*, circula mais que Victoria, em especial depois das traduções recentes de seus contos[11] e da biografia escrita por Mariana Enriquez.[12] Salvo engano, esta correspondência com Virginia Woolf é a primeira tradução brasileira de um texto de Victoria Ocampo.

VICTORIA OCAMPO, A MECENAS DE *SUR*

A fundação da revista *Sur* em 1931, e da editora de mesmo nome em 1933, ainda é o grande projeto assinado por Victoria Ocampo, embora seja exagerado creditar somente a ela um projeto que sobreviveu após sua morte, em 1979 — a revista foi publicada, mesmo que de forma descontínua, de 1931 a 1992. A editora segue atuante, agora sob os desígnios da Fundación Sur — é inegável que a revista dependeu de suas ideias, seus contatos e seu dinheiro mais do que dependeu dos demais colaboradores. María Teresa Gramuglio, depois de apresentar o grupo fundador de *Sur*, reconhece a centralidade de Victoria:

> A revista manteve desde sua fundação um núcleo estável que persistiu ao longo de anos, cuidando-se para que ele estivesse presen-

---

[11] Silvina Ocampo, *A fúria*, trad. Livia Deorsola, São Paulo: Companhia das Letras, 2019; e *As convidadas*, trad. Livia Deorsola, São Paulo: Companhia das Letras, 2022.
[12] Mariana Enriquez, *A irmã menor: um retrato de Silvina Ocampo*, trad. Mariana Sanchez, Belo Horizonte: Relicário, 2022.

te em todos os números publicados. No primeiro número, a lista incluía um Conselho Estrangeiro, integrado pelo músico suíço Ernest Ansermet, o escritor francês Pierre Drieu La Rochelle, o italiano Leo Ferrero, o norte-americano Waldo Frank, o dominicano Pedro Henríquez Ureña, o mexicano Alfonso Reyes, o espanhol José Ortega y Gasset e o franco-uruguaio Jules Supervielle. Este era logo seguido de um Conselho de Redação, integrado por figuras locais: Jorge Luis Borges, Eduardo J. Bullrich, Oliverio Girondo, Alfredo González Garaño, Eduardo Mallea, María Rosa Oliver e Guillermo de Torre [...]. Quais fatores fizeram que aparecessem reunidas pessoas provenientes de âmbitos tão diversos, com trajetórias culturais tão díspares, algumas das quais, como no caso do Conselho Estrangeiro, provavelmente nunca se haviam encontrado? Em primeiro lugar, é decisivo o fato de que esses colaboradores faziam parte da rede de relações pessoais de Victoria Ocampo.[13]

Na primeira fase da revista, que costuma ser demarcada da fundação até 1945 — data-chave nos cenários nacional e internacional: ascensão do peronismo e fim da Segunda Guerra —, o grupo teve de lidar com a política local argentina, que inclui golpe de Estado e o impacto da Crise de 1929 na economia, e com o cenário europeu atravessado por franquismo na Espanha, fascismo na Itália e nazismo na Alemanha. *Sur* tentou encampar um discurso de revista apolítica que, por óbvio, não se sustenta. Sergio Miceli defende que "*Sur* insistia em se alhear da política doméstica, mas se viu intimada a romper o resguardo diante de impas-

---

13 Maria Teresa Gramuglio, "Sur: uma minoria cosmopolita na periferia ocidental", trad. Fábio Cardoso Keinert, *Tempo Social, Revista de Sociologia da USP*, São Paulo, v. 19, n. 1, jun. 2007, p. 52.

ses externos, recuo que reverberou e abriu frinchas na tentativa feita até então de apartar-se de contenciosos e de forças políticas nativas".[14]

Nesse ponto, a centralidade de Victoria se reafirma: caberá a ela romper ou esgarçar laços com quem lhe era muito próximo. De Ortega y Gasset, que havia publicado a segunda edição de seu ensaio *De Francesca a Beatrice*, em 1928, na *Revista de Occidente*, se afastou em 1939 quando ele se aproximou de aliados do regime de Franco. De Drieu de la Rochelle, com quem Victoria teve envolvimento amoroso, se distanciou à medida que sua adesão à extrema-direita alemã foi ficando mais evidente. No quarto tomo de seus *Testimonios* [Testemunhos] (1950), Victoria relativiza o apoio de Drieu ao nazismo, talvez ainda sob impacto do suicídio do escritor, em 1945; mas em 1962, quando tem acesso ao seu diário pessoal, se espanta e escreve à irmã Angélica: "O diário de Drieu é horrível, não viu nada, só o que imaginava ou queria ver do nazismo."[15]

Victoria e *Sur* condenarão os totalitarismos europeus da primeira metade do século XX e farão vista grossa para o autoritarismo da oligarquia argentina que toma o poder nos anos 1930. Com o peronismo, muda essa postura de alienação da política nacional. O clássico número 237 de *Sur*, que saúda o golpe de 1955 como reconstrução nacional, dá uma mostra eloquente dessa virada. É nesse número que Victoria publica "La hora de la verdad" [A hora da verdade], artigo em que parte de sua prisão em 1953, durante o governo de Perón, para declarar apoio aos militares que o depuseram em 1955:

---

14 Sergio Miceli, *Sonhos da periferia: inteligência argentina e mecenato privado*, São Paulo: Todavia, 2018, p. 52-53.
15 Irene Chikiar Bauer, "Victoria Ocampo: testimonios de una ensayista personal", in V. Ocampo, *El ensayo personal*, Buenos Aires: Mardulce, 2021, p. 58.

Durante esses últimos anos de ditadura, não era necessário alojar-se no Buen Pastor ou na penitenciária para ter a sensação de vigilância contínua. Era sentida, repito, nas casas de família, na rua, em qualquer lugar e com características talvez mais sinistras por serem encobertas. [...] não podíamos enviar uma carta pelo correio, por mais inocente que fosse, sem temer que fosse lida. Nem dizer uma palavra ao telefone sem suspeitar de que a escutavam e talvez registravam. E nós, os escritores, não tínhamos o direito de expressar nosso pensamento íntimo, nem nos jornais, nem nas revistas, nem nos livros, nem nas conferência — que nos impediam de pronunciar —, pois tudo era censura e zonas proibidas. E a polícia — ela, sim, tinha todos os direitos — podia dispor de nossos documentos e ler, se tivesse vontade, cartas escritas vinte anos antes do complô das bombas de 1953 na Plaza de Mayo; complô do qual me acusam de participar só porque sou "do contra". [...] O que acabamos de viver demonstrou a magnitude do perigo. Façamos votos para que não seja esquecido: aproveitemos uma lição tão cruel e que poderia ter sido ainda mais se o impulso de alguns homens que arriscaram suas vidas não tivesse intervindo de forma milagrosa. Não imaginemos que esses homens possam, por meio de novos milagres, resolver nossos problemas, infinitamente complexos, no lapso de tempo tão curto como o da interminável semana da revolução. Vamos ajudá-los com toda a nossa boa vontade, com toda a nossa preocupação de verdade e de probidade intelectual. Essa deve ser a forma e a prova de nosso imenso agradecimento.[16]

---

16 Selecionei e traduzi trechos do texto de Victoria Ocampo. O original pode ser consultado no site da Biblioteca Nacional Argentina. Disponível em: https://catalogo.bn.gov.ar/F/?func=direct&doc_number=001218322&local_base=GENER.

É de embrulhar o estômago. Pelo menos para quem não tem tanta certeza de que seja justo chamar o governo eleito de Perón de ditadura, embora a perseguição a intelectuais de elite opositores ao peronismo efetivamente tenha acontecido, e a prisão arbitrária de Victoria Ocampo talvez seja o exemplo mais extremado. Nesse texto, Victoria toma claramente partido quanto à política argentina e convoca os demais intelectuais a fazerem o mesmo, postura que na primeira fase de *Sur* se reservava à política internacional. Como vimos, o apoio de Victoria não se restringiu às páginas de sua revista: ela integrou a diretoria do Fundo Nacional das Artes (FNA) de 1958 a 1973, exatamente o período que separa o segundo do terceiro mandato de Perón.

Na fase em que Victoria se dividiu entre o FNA e *Sur*, a revista entrou em declínio, fato que se explica não só pelo novo cargo da grande mecenas. A virada à esquerda do campo intelectual latino-americano depois da Revolução Cubana também contribui para as restrições à pretensa posição liberal de *Sur*. Ainda assim, como lembra María Teresa Gramuglio,

> [...] a projeção latino-americana da revista manteve-se amplamente registrada nos testemunhos dos escritores do *boom*, como Guillermo Cabrera Infante, Gabriel García Márquez, Carlos Fuentes e Mario Vargas Llosa, que recordavam a avidez com que esperavam a revista em seus países e o acesso à literatura contemporânea obtido graças às traduções de *Sur*. Em 1971, a revista *Casa de las Américas*, apesar da notória oposição de Victoria Ocampo à Revolução Cubana, reconhecia que seria injusto negar o que a América Latina devia ao periódico argentino.[17]

---

17 M. T. Gramuglio, op. cit., p. 61-62.

Ainda em 1971, sai outro número clássico de *Sur*, dedicado às mulheres. A periodicidade muda, passa a ser bianual e dá notícia do declínio da revista, que chegou a ser mensal no período áureo, de 1935 a 1951. Mas a temática feminista desse número reafirma a vitalidade de Victoria Ocampo, aos 81 anos de idade, atualizando-se e debatendo um tema que lhe foi caro desde sempre.

A menção de Gramuglio aos autores do *boom* que esperavam avidamente pelas traduções de *Sur* dá a deixa para tratarmos brevemente da editora. Durante os anos 1930 a 1950, Buenos Aires foi "a meca editorial da América Latina",[18] período consagrado como a "época de ouro da indústria editorial argentina".[19] A editora Sur participa ativamente desse circuito, traduzindo para o espanhol, pela primeira vez, textos contemporâneos publicados principalmente em francês e inglês. Para ficar nos exemplos ótimos, Jorge Luis Borges, tradutor de Virginia Woolf (*Un cuarto propio*, em 1936 [original de 1929], *Orlando*, em 1937 [original de 1928]); Jose Bianco, tradutor de Samuel Beckett (*Malone muere*, em 1958 [original de 1951]); Victoria Ocampo, tradutora de T. E. Lawrence (*El troquel*, em 1955 [original, póstumo, também de 1955]).[20] A atuação de Victoria como tradutora e da editora Sur como propulsora de traduções relevantes para a língua espanhola são outro grande ato de sua trajetória.

---

18 P. Willson, *Página impar: Textos sobre la traducción en Argentina: conceptos, historia, figuras*, Buenos Aires: EThos Traductora, 2019, p. 92.
19 José Luis de Diego (dir.), *Editores y políticas editoriales en Argentina (1880-2010)*, Buenos Aires: Fondo de Cultura Económica, 2014, p. 97.
20 Sobre os estilos tradutórios de Borges, Bianco e Ocampo ver P. Willson, *La Constelación del Sur: traductores y traducciones en la literatura argentina del siglo XX*, Buenos Aires: Siglo XXI editores, 2017.

VICTORIA OCAMPO, TRADUÇÃO EM PRIMEIRA PESSOA

O temperamento de vanguarda de Victoria Ocampo não se restringiu à sua obra autoral, à vida pessoal e à posição de mulher pública. À área da tradução, para a qual foi determinante como tradutora e editora, ela também incorporou procedimentos inéditos e provocativos em relação às vertentes mais tradicionais. E, como costuma acontecer, gerou contradições que tornam tudo mais interessante.

Patricia Willson[21] demonstrou a presença da primeira pessoa nas escolhas de Victoria Ocampo como tradutora e editora de traduções. Tal presença atualiza um tema recorrente nos estudos da tradução, quanto à visibilidade ou à invisibilidade do tradutor nos textos que traduz. Durante muito tempo foi alimentada a ideia de que o tradutor deve ser invisível, servil e fiel ao texto original, que o texto traduzido não deve causar estranhamento ao leitor. Esses princípios ainda vigoram, especialmente entre não especialistas em tradução e em parcela considerável do meio editorial, mas nos estudos acadêmicos essas premissas vêm sendo problematizadas.

Resumindo muito grosseiramente os argumentos de Lawrence Venuti,[22] um dos principais nomes desse debate, a fluência do texto traduzido e a invisibilidade do tradutor são questões mais político-ideológicas do que linguísticas: têm a ver

---

21 P. Willson, "Traducción y primera persona en Victoria Ocampo", in *Página impar: Textos sobre la traducción en Argentina: conceptos, historia, figuras*, Buenos Aires: EThos Traductora, 2019.
22 Lawrence Venuti, *A invisibilidade do tradutor: uma história da tradução*, trad. Laureano Pelegrin e outros, São Paulo: Editora da Unesp, 2021, p. 21-25.

com certa norma do mundo anglófono imposta a todos como universal. O padrão que impõe que os textos traduzidos sejam lidos como se tivessem sido escritos na cultura que os recebe, que apaga diferenças e marcas culturais, alimenta, nos termos de Venuti, "um narcisismo cultural que é pura satisfação pessoal". E ele segue: "não é apenas o caso de o tradutor realizar um ato interpretativo, mas também de os leitores precisarem aprender a interpretar as traduções como traduções, como textos em si mesmos, a fim de perceberem os efeitos éticos dos textos traduzidos."

No campo da tradução, a perspectiva de Venuti é tida como inovadora, valorativa do papel do tradutor, que passa a ser um agente com autoridade sobre o texto que traduz, um intérprete sofisticado das culturas que medeia, na contramão das noções de servilidade, traição e literalismo tão associadas ao tradutor. Se voltamos a Victoria Ocampo, encontramos mais uma de suas tantas contradições. Patricia Willson demonstrou que convivem nela opiniões conservadoras sobre tradução (os bons textos sobrevivem às más traduções, a poesia é intraduzível) e ações arrojadas quando traduz ou edita traduções. Esse contraste fica evidente no texto de apresentação ao número que a revista *Sur* dedicou aos *Problemas de la traducción*, publicado em 1976. Nesse texto, depois de contar algumas anedotas de amigos franceses que odiavam Shakespeare porque os tradutores fracassaram, Victoria assume a posição de autoridade na área e diz:

> Este número de Sur quer esclarecer duas questões:
> 1) a tradução é importante em si e exige um tradutor que conheça sua profissão a fundo;
> 2) a remuneração desse tradutor deve estar à altura de seu tra-

balho, de sua capacidade e há que considerá-lo — já que está dentro de certa hierarquia artística — um intérprete, que se aproxima do pianista ou do cantor.[23]

Reconhecer a importância do tradutor no campo artístico e cultural e advogar por uma remuneração justa são ações que Victoria pôs em prática tanto na editora Sur quanto no Fundo Nacional das Artes, e que estavam longe de ser consensuais em seu círculo de atuação. Como tradutora, seus feitos são ainda mais arrojados, porque ela inventou um jeito de estar visível no texto traduzido ao mesmo tempo que adota o literalismo como estratégia, algo, de novo, nada simples de se conciliar. Traduções literais, por princípio, apagam o tradutor, que costuma aparecer mais em traduções criativas, mas isso também não é tão simples assim.

No caso de Victoria, é o que Patricia Willson chama de tradução em primeira pessoa: "Para Ocampo, o tradutor diz *eu* em suas traduções, mas segundo duas modalidades diferentes. De um lado, mediante a inclusão de prólogos de tradução e notas de rodapé, as duas intervenções paratextuais mais visíveis de um tradutor; por outro, mediante estratégias de tradução que tendem a uma literalidade ostensiva, às vezes estéril, em relação ao texto fonte."[24] Ou seja, o literalismo de Victoria consiste em deixar parte importante do texto em língua estrangeira para que ela possa incluir notas de tradução.

---

23 Este e os demais números de *Sur* estão disponíveis na página da Biblioteca Nacional Argentina: https://catalogo.bn.gov.ar/F/?func=direct&doc_number=001218322&local_base=GENER. A tradução do trecho é minha.
24 P. Willson, op. cit., p. 167, tradução minha.

A tradução de Ocampo para o livro *The Mint*, de T. E. Lawrence, costuma aparecer como exemplo desse procedimento. Algumas notas de Ocampo:

- *Medio minuto, Bo**.
* *Modo de llamarse unos a otros los aviadores, similar al che.* (N. del T.)
- *Entonces bajamos el pantalón sobre los puttees* hasta ocultar su juntura.*
* *Vendas de tela que se enrollan a la pierna desde el tobillo hasta la rodilla a manera de polaina. En francés, "bande molletière".* (N. del T.)[25]

Na primeira nota, Ocampo opta por deixar a expressão estrangeira no corpo do texto para poder explicá-la com toda a liberdade no rodapé, demarcando também que o espanhol que utiliza em sua tradução é o argentino, que não pretende trabalhar com uma língua *standard*, por exemplo, que circule entre diferentes falantes de espanhol sem estranhamentos maiores. Por óbvio, essa escolha só é possível porque a editora Sur é orgulhosamente argentina e, mais importante, Victoria é a dona da editora; talvez essa liberdade não lhe fosse garantida como tradutora de uma editora comercial qualquer.

Na segunda nota, em vez de traduzir *puttees* por polaina ou algo parecido, Victoria inclui a explicação em nota e, pasmem, a tradução para o francês, numa exibição de seu trilinguismo. Como se vê, são notas a serviço do texto, claro, mas também da tradutora, que interrompe constantemente o fluxo da leitura para se fazer visível. Algumas notas são claramente desnecessá-

---

[25] Citado em P. Willson, *La Constelación del Sur: traductores y traducciones en la literatura argentina del siglo* XX, Buenos Aires: Siglo XXI editores, 2017, p. 105-106.

rias, mas a estratégia rende uma provocação interessante para os estudos da tradução, como renderam as estratégias e reflexões de Borges — *As duas maneiras de traduzir, As versões homéricas, Os tradutores das Mil e uma noites* são textos já incorporados à bibliografia da área.[26]

Essa primeira pessoa que se manifesta nas notas de tradução será a mesma que escreverá *Autobiografias, Testimonios*, ensaios pessoais — Victoria Ocampo não separa seu exercício como tradutora de sua obra autoral, o que também é privilégio de poucos. Seja como for, a presença de uma voz autoral beirando o confessional em gêneros nos quais não é esperada força os limites desses gêneros e, em alguns casos, põe em dúvida certos consensos sobre sua estabilidade. Muito já se escreveu sobre a relação irreverente que os escritores argentinos têm com os gêneros: o ensaio-romance de Sarmiento, o antirromance de Macedonio Fernández, os contos-ensaios de Borges, as miscelâneas de Cortázar, os romances-ensaios de Piglia. Victoria também participa dessa tradição.

VICTORIA OCAMPO, ESCRITORA

O primeiro texto de fôlego publicado por Victoria Ocampo foi o ensaio *De Francesca a Beatrice*, de 1924, uma leitura bastante pessoal de *A divina comédia*. Pessoal não quer dizer que Victoria tenha aportado alguma novidade à interpretação do poema de

---

[26] Um excelente estudo sobre o tema: Sergio Waisman, *Borges y la traducción*, trad. Marcelo Cohen, Buenos Aires: Adriana Hidalgo editora, 2005.

Dante, e sim que ela se apropriou do texto para elaborar questões próprias — amorosas, inclusive. Essa é a versão que conta em sua *Autobiografia*:

> Minha necessidade de comentar *A divina comédia* nascia de uma tentativa de me aproximar da porta de saída de *meu drama pessoal*, bem como de meu real entusiasmo pelo poeta florentino, meu irmão. Hoje comprovo, sem amargura, que não disse nada sobre esse poema [...]. Mas essas tentativas, vãs quanto a seu êxito literário, me enriqueceram internamente.[27]

Essa postura de escrever mais para se entender do que para entender o texto ou autor estudado marcará a produção autoral de Victoria Ocampo, coerentemente organizada em dez tomos de *Testimonios* e seis de *Autobiografía*. Os *Testimonios* Victoria publicou ao longo dos quase noventa anos que viveu; a *Autobiografía* — mais íntima, com detalhes sobre sua vida afetiva — só sairia depois de sua morte, atendendo a uma ordem expressa de Victoria. Mas, em se tratando de mulher pública com o poder que ela sempre concentrou, mesmo a intimidade tem interesse social. A síntese, para variar, é de Beatriz Sarlo, em comentário sobre *De Francesca a Beatrice*:

> Livro que cumpre uma dupla função: tirar a tranquilidade do meio rio-platense de que Victoria Ocampo está se afastando; tranquilizar a própria Victoria sobre suas possibilidades intelectuais [...]. Ela tocou o limite do socialmente aceitável, dos preconceitos em

---

27 V. Ocampo, *Autobiografía III: La rama de Salzburgo*, Buenos Aires: Sur, 1981, p. 98, tradução minha.

que se cruzam gênero sexual e gênero literário (o que uma mulher pode e não pode fazer com a literatura?), da legitimidade de determinados temas e da explicitação das relações entre ordem literária e ordem autobiográfica.[28]

Victoria tira a tranquilidade de seu meio porque não era de bom tom que uma mulher de sua classe se expusesse tanto, e isso que ela censurou a parte mais quente de sua autobiografia. Mesmo assim, as relações e os desejos dela aparecem nos textos que publicou em vida, independentemente do gênero adotado. Um bom exemplo é a longa nota de rodapé que Victoria inclui logo no início de *338187 T. E. Lawrence de Arabia*,[29] ensaio que escreveu sobre esse escritor que também traduziu. É uma crônica que ela resolve deslocar para o paratexto provavelmente para ter a liberdade de fundir os gêneros. Uma crônica disfarçada de nota de rodapé em um ensaio sobre um escritor que ela também traduziu. Talvez essa irreverência em relação à natureza dos gêneros aos quais se dedica seja o traço mais interessante da escrita de Victoria, e suas cartas e seus relatos de viagem também guardam preciosidades.

Comecemos por uma pequena digressão. Josefina Ludmer, no ensaio *Las tretas del débil* [As artimanhas do frágil], faz algumas considerações sobre o que se convencionou chamar de literatura feminina/de mulheres a partir da análise de um texto de Sor[30] Juana Inés de la Cruz, a escritora e freira mexicana (na verdade novo-hispana) que viveu e escreveu na segunda metade

---

28 B. Sarlo, *Modernidade periférica: Buenos Aires 1920 e 1930*, trad. Júlio Pimentel Pinto, São Paulo: Cosac Naify, 2010, p. 169-170.
29 V. Ocampo, *338187 T. E. Lawrence de Arabia*, Buenos Aires: Letemendia Casa Editora, 2013, p. 27-29.
30 Segundo o *Dicionário Houaiss da Língua Portuguesa*, "sor" deriva de "soror", forma de tratamento usada para freiras (São Paulo: Editora Moderna, 2001, p. 726) (N.E.)

do século XVII (nasceu em 1648 ou 1651, não se tem certeza, e morreu em 1695). Em 1690, por encomenda de um homem da Igreja, Sor Juana redigiu o que conhecemos hoje por *Carta Atenagórica*,[31] que, como ela explica no texto, foi pensado como uma correspondência privada, já que à época mulheres não podiam se posicionar publicamente sobre teologia. Acontece que esse religioso publica a *Carta*, acompanhada de um prólogo assinado por pseudônimo feminino (Sor Filotea de la Cruz), no qual elogia e recrimina a argumentação de Sor Juana. Alguns comentadores consideram essa publicação um ato de traição por parte do religioso; outros, um arranjo que dá mostras da perspicácia de Sor Juana, que aproveitou essa brecha para demonstrar sua erudição e capacidade argumentativa (uma artimanha do frágil, nos termos de Ludmer).

Na *Carta*, Sor Juana critica o *Sermão do mandato* (de 1650, ou seja, de quando Sor Juana estava nascendo), do célebre padre Antônio Vieira, rebatendo seus argumentos um a um. Nesse sermão, Vieira discorda de três santos (Santo Agostinho, São Tomás de Aquino e São João Crisóstomo), numa mostra da autonomia que tinha para ler as escrituras e interpretá-las a seu favor, colocando a oratória antes da literalidade. À Sor Juana estava negada inclusive a literalidade, o que faz da *Carta Atenagórica* um documento de sua insubmissão — insubmissão conservadora, já que defende os três santos da liberdade oratória de Vieira, mas, ainda assim, insubmissão registrada em um texto de grande valor retórico e estético.

A *Carta* tem grande repercussão e, como se pode imaginar, rende problemas a essa mulher que ousou debater com homens.

---

31   A *Carta Atenagórica*, traduzida por mim para o português, está disponível em https://abralic.org.br/revista/index.php/revista/article/view/770 .

Em 1691, Sor Juana escreve uma resposta a Sor Filotea que se converte em um de seus textos mais importantes porque narra sua biografia. A resposta deve ter circulado em Nova Hispana, mas só é publicada em livro postumamente, em 1700. É essa resposta a Sor Filotea que Josefina Ludmer analisa no ensaio citado, e afirma: "Por meio da carta e da autobiografia, Juana erige uma polêmica erudita. Agora se entende por que esses gêneros menores (cartas, autobiografias, diários), escritos limítrofes entre o literário e o não literário, chamados também de gêneros da realidade, são um campo preferido pela literatura feminina."[32]

Ludmer afirma ainda que, uma vez vedados às mulheres os gêneros em que tradicionalmente se discutem política, ciência, filosofia, resta a elas debater esses temas nos âmbitos pessoal, privado e cotidiano. Mas aí está a artimanha do frágil: ao infiltrar nos gêneros menores o debate público, eles deixam de ser menores. Sor Juana é um exemplo disso: ela só estava autorizada a escrever uma carta privada encomendada por um homem da Igreja, e escreve a *Carta Atenagórica*, texto que duela com o sermão de Vieira.

Mais de duzentos anos depois, e obviamente sem as mesmas limitações de Sor Juana, Victoria Ocampo vai mostrar perspicácia no uso dos gêneros tidos como menores. *Autobiografia*, *Testimonios*, notas de rodapé, todo texto é lugar para o debate de ideias. Suas cartas e seus relatos de viagem seguem a mesma linha, cito um exemplo de cada.

Entre 1934 e 1940, Victoria se correspondeu com Virginia Woolf, a essa altura uma escritora já consagrada. Victoria tinha

---

32 Josefina Ludmer, "Las tretas del débil", in Patricia E. Gonzales, *La sartén por el mango: encuentro de escritoras latino-americanas*, Porto Rico: Ediciones El Huracán, 1985, tradução minha.

publicado alguns ensaios e fundado a revista e editora Sur, ou seja, começava sua atividade de mulher pública. Na correspondência elas negociam a publicação dos livros de Woolf em Sur, o que de fato se concretiza: *Un cuarto propio* em 1936, com tradução de Jorge Luis Borges; *Orlando* em 1937, também traduzido por Borges; *Al faro* em 1938, traduzido por Antonio Marichalar; *Tres guineas* em 1941, com tradução de Román J. Jiménez.

As cartas poderiam ser meras tratativas de negócios, o que já seria bastante coisa, afinal estamos falando das primeiras traduções dos livros de Woolf para o espanhol. Mas não, elas aproveitam as cartas para discutir escrita e literatura. Em carta de 11 de dezembro de 1934, Victoria escreve:

> Se tem alguém no mundo que pode me dar coragem e esperança, é você. Pelo simples fato de ser quem você é e de pensar como você pensa. Eu seria ingrata se dissesse que nunca fui encorajada etc. Tenho amigos (homens) que acham que sou talentosa a ponto de ser genial, dizem e escrevem isso. Mas essas declarações, lá no fundo, sempre me deixaram fria e incrédula. Elas são impuras. Você entende o que eu quero dizer... Os homens julgam uma mulher sempre (ou quase sempre) conforme eles mesmos, conforme as reações que eles têm no contato com ela (espiritual... até). Principalmente se ela não for disforme ou não tiver um rosto desagradável. É inevitável para eles, especialmente se forem latinos. Eles não podem portanto servir como referência, honestamente.[33]

Em 22 de dezembro de 1934, Virginia responde:

---

33 Cf. carta de 11 de dezembro de 1934, p. 46. (N.E.)

Fico muito contente por você escrever crítica em vez de ficção. E tenho certeza de que é uma boa crítica — precisa e afiada tal como uma faca, não com um forcado de uma máquina velha enferrujada. [...] Espero que você siga com Dante, depois com Victoria Ocampo. Foram pouquíssimas as mulheres que escreveram autobiografias honestas. [...] Espero que você escreva um livro inteiro de textos críticos e me envie. Se você tiver tempo, uma carta de vez em quando.[34]

A generosidade da inglesa consagrada com a argentina insegura, o incentivo para fazer o que não se espera dela (escrever crítica) e para se apropriar do gênero autobiografia. Artimanhas do frágil... Em outro momento vou contar o que Paul Groussac, quando diretor da Biblioteca Nacional Argentina, disse a Victoria Ocampo depois de ler seu ensaio sobre Dante. Agora voltemos ao uso arrojado dos gêneros, dessa vez um relato de viagem. E não é qualquer viagem, Victoria Ocampo foi a única mulher convidada a assistir aos julgamentos de Nuremberg.

A convite do British Council, em 1946 Ocampo assiste a dois dias do julgamento que condenou nazistas do calibre de Göring, Hess, Ribbentrop e Keitel. Escreve suas *Impresiones de Nuremberg*, crônica que incluiria na quarta série de *Testimonios*, de 1950. Depois de narrar a viagem em um avião para lá de instável, a cidade em ruínas, o espetáculo visual e os personagens do drama, totalmente consciente da responsabilidade história de seu relato, ela pondera:

> O complô hitlerista foi um assunto de homens. Não há mulheres entre os acusados. Por acaso é a razão para que não estejam

---

34 Cf. carta de 22 de dezembro de 1934, p. 53. (N.E.)

entre os juízes? Não seria justamente uma razão para que estivessem? Se os resultados do processo de Nuremberg vão pesar sobre o destino da Europa, não é equitativo que as mulheres possam dizer uma palavra sobre eles? Foram poupadas da guerra? Se mostraram companheiras indignas no momento do perigo? Seriam indignas no momento de tomar decisões que pesarão no futuro do mundo? Até agora o fracasso dos homens em matéria de repressão e prevenção dos crimes de guerra, e da guerra — que é sempre crime —, sinceramente, foi estrepitoso. Perguntar às mulheres qual sua opinião sobre essas questões, permitir que intervenham nelas, não comporta nenhum perigo e pode oferecer vantagens insuspeitas.[35]

Novamente a Victoria feminista usa um gênero menor para tratar de assuntos maiores.

VICTORIA OCAMPO, FEMINISTA

Alguns parágrafos atrás, prometi contar o que Paul Groussac disse a Victoria Ocampo quando ela lhe mostrou seu ensaio sobre Dante. O episódio ilustra bem a hostilidade do mundo letrado à presença feminina. Groussac, francês radicado na Argentina desde os anos 1860, foi diretor da Biblioteca Nacional de 1885 até o ano de sua morte, 1929. É um daqueles europeus aclimatados, como ironizou Ricardo Piglia em *Respiração artificial*: intelectuais

---

35 Utilizo o texto incluído em V. Ocampo. *La viajera y sus sombras: Crónica de un aprendizaje*, seleção e prólogo de Sylvia Molloy, Buenos Aires: Fondo de Cultura Económica, 2010, p. 232. Tradução minha.

que em seus países de origem eram peças secundárias e que uma vez instalados na Argentina viram "árbitros da vida cultural".[36] Victoria estava escrevendo *De Francesca a Beatrice* — o ensaio que publicaria em 1924 e cuja segunda edição sairia na *Revista de Occidente*, de Ortega y Gasset, em 1928 — e resolve submeter o texto à avaliação do ilustre diretor. Ele diz que muito já se escreveu sobre a *Divina comédia* e que se ela não tivesse um enfoque original ou dado inédito, era melhor deixar o texto em paz. Também a acusou de ser *pédantesque* e aconselhou que escrevesse sobre um tema mais ao seu alcance, mais pessoal.

Victoria narra o episódio em *Mujeres en la Academia* [Mulheres na academia], seu discurso de posse na Academia Argentina de Letras, de 1977 (ela foi a primeira mulher a integrar a Academia), incorporado ao décimo tomo de *Testimonios*.[37] É uma mulher de 87 anos de idade rememorando algo que viveu aos 30, quando não se sentia segura para contra-argumentar, em especial diante de tamanha autoridade. Mas nesse texto de 1977 ela está plenamente segura e, melhor ainda, debochada: "naquele momento não tive presente sua [de Groussac] ácida crítica ao 'Sarmiento' de Rodin que, guardada a distância, teria me reconfortado. Eu era uma inexperiente principiante e não tinha direito a replicar como fez o escultor francês: 'Eu o vejo assim'".[38] Ocampo se refere ao grupo de intelectuais, Groussac incluído, que contratou Rodin para esculpir um busto de Sarmiento e depois não gostou do resultado, um ocorrido que ficou famoso por ilustrar o descompasso entre o gosto estético no centro e na periferia. Ao recorrer a esse caso,

---

36 Ricardo Piglia, *Respiración artificial*, Buenos Aires: Debolsillo, 2013, p. 126.
37 V. Ocampo, "Mujeres en la Academia", in *Testimonios — Décima serie (1975-1977)*, Buenos Aires: Sur, 1978.
38 V. Ocampo, op. cit., p. 17, tradução minha.

Victoria está aliando-se a Rodin contra a caipirice local, também incapaz de compreender sua leitura de Dante. Mas ela levou tempo para construir essa personalidade que revida, ironiza e se impõe, teve de engolir muitos sapos nos círculos familiar, profissional e afetivo. Passou a vida sendo a primeira e única mulher em ambientes agressivamente masculinos. Não deve ter sido fácil. Por outro lado, o privilégio de classe dificulta a identificação completa à sua figura, e o feminismo de Victoria sempre estará atravessado por seu lugar social. Nesse ponto, concordo com Beatriz Sarlo: "A abundância material e os tiques de esnobismo não devem ocultar os esforços da ruptura."[39] E Victoria Ocampo rompeu com o esperado das filhas e esposas de sua classe; como mulher pública, usou suas vantagens para abrir caminho a outras mulheres que também não se resignavam à vida doméstica.

Victoria registrou na *Autobiografía* seus atritos com a família, as imposições e limitações de comportamento, de leituras, de convivência. Registrou também o fracasso de seu casamento, ocorrido em novembro de 1912, do qual pulou fora poucos meses depois:

> A atmosfera estava tensa em Roma, quatro meses depois do meu casamento, sem que eu tivesse culpa e talvez nem M. [Monaco, apelido de Luis Bernardo de Estrada]. Ele continuava sendo o que tinha sido: bom-moço (detestei essa beleza quando aprendi a decifrá-la), inteligente (se comparado aos homens que eu frequentava), mas com uma inteligência desconectada da sensibilidade. Suscetível, tirânico e frágil, convencional, devorado pelo amor--próprio, católico e anticristão, exigente e mesquinho, me tratava

---

[39] B. Sarlo, op. cit., p. 171.

como um país conquistado e desconfiava de mim o tempo todo. [...] Alguns meses de casamento, e o andaime construído pela minha imaginação e necessidade de me apaixonar estava derrubado. *Descristalizava* com velocidade porque M. não me retinha nem pelo coração, nem pela inteligência, nem pelos sentidos. Era um objeto criado por mim que se desfazia entre as mãos. Se tivesse tido liberdade para conhecê-lo melhor antes de me casar, nunca teria me casado.[40]

Ela escreve isso em 1952, aos 62 anos de idade — quer dizer, quarenta anos depois do casamento. É a mulher madura, segura de si, que chega a essa conclusão que não é individual, marca muitas mulheres de sua classe e geração. Victoria rompe com o marido ainda na lua de mel e vive um casamento de fachada até o divórcio, assinado em 1922. Uma transgressão para a época, agravada pela relação clandestina *pero no mucho* que manteve com Julián Martínez, primo de seu marido. A vida sexual de Victoria, seus relacionamentos com Keyserling, Drieu La Rochelle, Roger Caillois, renderá muito comentário misógino que ela combaterá com altivez. O caso de Keyserling é muito mais sério. Como bem avaliou Irene Chikiar Bauer,[41] Keyserling teve atitudes que hoje não duvidaríamos em qualificar como assédio e que nos anos 1930 foram tidas como naturais.

Para além de se permitir viver sua sexualidade, Victoria Ocampo capitaneou ações feministas como mulher pública. Segundo María Celia Vázquez,

---

40 V. Ocampo, *Autobiografía III — La rama de Salzburgo*, Buenos Aires: Sur, 1981, p. 17-18, tradução minha.
41 Irene Chikiar Bauer, "Victoria Ocampo: testimonios de una ensayista personal", in V. Ocampo, *El ensayo personal*, Buenos Aires: Mardulce, 2021, p. 51.

Em primeiro lugar, concreta e efetivamente, Victoria inclui em sua trajetória o que hoje chamaríamos militância feminista. Ao longo de sua vida foi companheira de rota de diversas agrupações feministas argentinas, além de ter difundido a obra e promovido a leitura de escritoras feministas, como Virginia Woolf, Simone de Beauvoir e Susan Sontag. O feminismo de Ocampo inclui as ações feministas e a prédica feminista especialmente associadas à defesa da emancipação das mulheres através da educação. No âmbito do ativismo, suas intervenções remontam aos anos [19]30, quando defende os direitos cívicos para as mulheres; pontualmente me refiro à sua participação na campanha contra a revogação da lei promulgada em 1926, que outorgava os mesmos direitos civis a homens e mulheres maiores de idade. Em 1936, sob a presidência de Justo, se tentou aprovar uma nova versão do Código Civil. Entre as modificações estava a revogação dessa lei. Diante dessa ameaça, Victoria se soma como companheira de rota da União Argentina de Mulheres. Participa de manifestações de rua e escreve alguns folhetos doutrinários sobre os direitos e as responsabilidades das mulheres.[42]

Seja nessa atuação política mais evidente, seja em sua vida privada ou em seu protagonismo à frente da revista e editora Sur, Victoria toma partido no debate feminista de sua época. No entanto, para ela, há uma força política tão presente quanto o feminismo: seu antiperonismo. Essa força a leva a mais uma de suas tantas contradições. Victoria se opõe à Lei nº 13.010, que dispunha sobre o voto feminino, também conhecida como Lei Evita,

---

42 Entrevista concedida ao jornal *Página 12*, disponível em: https://www.pagina12.com.ar/220769-victoria-ocampo-una-mujer-incomoda.

sancionada em 1947 durante o primeiro governo de Perón. Ela sempre foi uma grande lutadora pelos direitos das mulheres, mas recusou nosso principal direito porque foi garantido pelo governo peronista sob a liderança de Eva Perón, uma mulher que ela considerava desprezível. Nesse ponto, lamentavelmente Ocampo não estava sozinha. María Celia Vázquez demonstrou que "frente às iniciativas sufragistas de Perón a população feminina se mostrou dividida".[43] Houve grupos de mulheres conservadoras e católicas que apoiaram o voto feminino, grupos socialistas, comunistas e liberais que recusaram, numa mostra do quanto a equação feminismo e antiperonismo não é nada simples de se resolver. Ainda assim, que uma mulher inteligente como Victoria tenha caído nessa esparrela é, no mínimo, surpreendente.

Encerro este perfil de Victoria Ocampo com outro de seus feitos que dão dimensão da figura. Gisèle Freund, a extraordinária fotógrafa judia-alemã que havia frequentado o mesmo Instituto de Pesquisa Social de Walter Benjamin e Theodor Adorno e que se encontrava em Paris desde a ascensão de Hitler na Alemanha, precisava abandonar a cidade depois da ocupação nazista. Em Paris ela tinha conhecido certa argentina que lhe salvaria a vida. Freund deixou registro em suas memórias:

> Em 10 de junho de 1940, o Governo abandonava Paris. Três dias depois, na véspera da chegada das tropas alemãs, parti ao amanhecer de bicicleta, porque os trens já não circulavam. Amarrei na bicicleta minha pequena maleta, a mesma que tinha trazido na minha chegada a Paris sete anos antes. Me refugiei num po-

---

43 M. C. Vàzquez, *Victoria Ocampo, cronista outsider*, Rosário: Beatriz Viterbo Editora, 2019, p. 193-194, tradução minha.

voadinho de Dordonha. Quando me inteirei das cláusulas do armistício, que entregava os refugiados alemães para a Gestapo, soube que devia sair da França de qualquer jeito. Victoria Ocampo conseguiu um visto argentino, mas ainda levei mais de um ano para obter os documentos necessários para chegar à margem do Rio da Prata.[44]

Victoria Ocampo foi uma das responsáveis por salvar Gisèle Freund das tropas nazistas. Não é impressionante?

— KARINA DE CASTILHOS LUCENA,
professora de Literatura hispano-americana e Tradução do espanhol no Instituto de Letras da Universidade Federal do Rio Grande do Sul (UFRGS)

---

44 Trecho do livro de memórias *El mundo y mi cámara*, de Gisèle Freund, citado em: https://www.infobae.com/cultura/2021/09/23/gisele-freund-una-muestra-en-europa-recupera-sus-anos-en-america-latina. Tradução minha.

Este livro foi editado pela Bazar do Tempo na cidade de São Sebastião do Rio de Janeiro em março de 2024 e impresso em papel Pólen Bold 90 g/m² pela gráfica Leograf. Ele foi composto com as tipografias Dupincel e Mazius Display.